dtv

Friedrich Schiller
1759 – 1805

Joseph Kiermeier-Debre

# Schillers Frauen

42 Porträts
aus Leben und Dichtung

Deutscher Taschenbuch Verlag

*Prof. Dr. Joseph Kiermeier-Debre*
ist Leiter des Antoniter-/Strigelmuseums
und der MEWO Kunsthalle in Memmingen,
Dozent für Neuere Deutsche Literatur
an der Universität München und Autor und
Herausgeber zahlreicher Veröffentlichungen,
darunter Gedichtbände von Eichendorff (<u>dtv</u> 13600)
und Klabund (<u>dtv</u> 20641).
Seit 1997 betreut er als Herausgeber die <u>dtv</u> Bibliothek
der Erstausgaben. Dort erschienen bisher 80 Bände,
unter anderem acht mit den Hauptwerken Schillers.
(www.bibliothekdererstausgaben.de)

Originalausgabe
Mai 2009
Deutscher Taschenbuch Verlag GmbH & Co. KG,
München
www.dtv.de
© Deutscher Taschenbuch Verlag, München
Umschlagkonzept: Balk & Brumshagen
Gesetzt aus der Stempel Garamond 9,7/12ʹ
Satz: Greiner & Reichel, Köln
Druck und Bindung: Druckerei C. H. Beck, Nördlingen
Gedruckt auf säurefreiem, chlorfrei gebleichtem Papier
Printed in Germany · ISBN 978-3-423-13769-0

# INHALT

# Vorbemerkung

»Achtung vor den Frauen« war eine der vielen guten Eigenschaften, die Madame de Staël (1766–1817) dem Dichter Friedrich Schiller attestierte. Diesem Kompliment aus dem Munde einer *femme de lettres* und einer Frau, die die Männer ihrerseits mehr als nur achtete und verehrte, genauer nachzugehen, war Anlass für diese Galerie der Schiller'schen Damenwelt in Bild und Text.

Dabei erwies es sich – bei anfänglicher Skepsis – als besonders reizvoll, eine Mischung aus den realen und fiktionalen Frauen in Schillers Leben vorzulegen. Im Wechselspiel zwischen Lebenswirklichkeit und Phantasie – und seine Feder schuf einige der begehrtesten Frauenrollen für das deutsche Theater – verdichten sich die Einzelbilder zu einem stattlichen Gemälde in leuchtenden Farben über Schillers Leben und Wirken. In ihm gehören beide Bereiche zusammen: Fakten und Poesie, Realität und Dichtung, Mütter und Schwestern, Ehefrauen und Töchter, Freundinnen und Geliebte, aber auch Königinnen und Salondamen, kriegerische Jungfrauen und unglücklich Liebende.

Elisabetha Dorothea Schiller
geb. Kodweiß
1732–1802

Sie war rotblond und die Tochter des wohlbegüterten Löwenwirts in Marbach. Dort wurde Elisabetha Dorothea Kodweiß am 13. Dezember 1732 geboren. Im März 1749 kam der Feldscher und Wundarzt Johann Caspar Schiller nach Marbach und bereits am 22. Juli heiratete der 1723 im benachbarten Bittenfeld geborene Bäckerssohn das noch nicht einmal 17-jährige Mädchen, das einzige Kind des Löwenwirts.

Den finanziellen Ruin des Brautvaters bekam auch das junge Ehepaar zu spüren. Johann Caspar Schiller musste sich ab 1752 wieder fern der Heimat beim Militär verdingen. Auch als Elisabetha Dorothea Schiller ihm am 10. November 1759 nach der Tochter Christophine den lang ersehnten Sohn, Johann Christoph Friedrich genannt, gebar, war der Ehemann im Feldlager.

Auf das zarte und kränkliche Kind setzte der ehrgeizige Vater dennoch große Hoffnungen, auch wenn es zunächst der Obhut der gütigen und protestantisch-innerlich bestimmten Mutter überantwortet war. Von ihr hatte der Knabe die rötlichen Haare, die schlanke Gestalt und die vielen Sommersprossen, und unter ihrer milden Hand – und zusammen mit der zwei Jahre älteren Schwester – erhielt er die erste Förderung seiner Talente.

Gleichwohl blieb sie Schiller als eine Frau in Erinnerung, die in stiller Duldung das Familienregiment des Vaters, die despotische Willkür des regierenden Landesvaters und den unergründlichen Willen des himmlischen Vaters ertragen hat. Nur ihr, der Mutter, und der Lieblingsschwester Christophine, hat Schiller seine Fluchtpläne anvertraut und von ihnen hat er sich heimlich verabschiedet.

Die bedrückenden politischen wie privaten Verhältnisse dieser frühen Zeit hatten sich im Jahre 1793, als Schiller zu seiner Besuchsreise nach Schwaben aufbrach, entspannt. Dadurch wurde ein reger Verkehr des mittlerweile berühmten Sohnes mit den Eltern und den Geschwistern möglich. Man feierte am 23. September 1793 die Taufe von Schillers erstem Sohn Karl zusammen mit den Eltern als Taufpaten, und im Oktober den 70. Geburtstag des Vaters. Dieser konnte allerdings das Lob, wie es das *Lied von der Glocke* 1800 sang – »Und der Vater mit frohem Blick / Von des Hauses weitschauendem Giebel / Überzählet sein blühend Glück« –, nicht mehr auf sich beziehen. Er starb am 7. September 1796 als geehrter Leiter der herzoglichen Hofgärten auf Schloss Solitude.

Die geliebte Mutter starb am 29. April 1802 während eines Aufenthalts bei ihrer hochschwangeren Tochter Luise im Pfarrhaus in Cleversulzbach und wurde dort begraben. Seit 1841 ruht im Nebengrab die Mutter des Dichters Eduard Mörike, und der Marbacher Schillerverein pflegt die Gräber der »Dichter-Mütter«.

Sicherlich hat Mutter Schiller die Verse aus dem berühmten und zu Unrecht oft verlachten *Lied von der Glocke* ganz auf sich bezogen. Dort hatte der geliebte Sohn der teuren Abgeschiedenen bereits das Denkmal gesetzt:

Und drinnen waltet
Die züchtige Hausfrau,
Die Mutter der Kinder,
Und herrschet weise
Im häuslichen Kreise, (…)
Und füget zum Guten den Glanz und
                                    den Schimmer,

Und ruhet nimmer.

Elisabeth Christophine Friederike Schiller
verh. Reinwald
1757–1847

# Elisabeth Christophine Friederike Schiller
## verh. Reinwald
### 1757–1847

Am 4. September 1757, im achten Ehejahr der Eltern Schiller, gab es endlich Nachwuchs. Es war ein Mädchen und erhielt als ersten Namen den der Mutter: »Elisabeth«. Dennoch wurde die um zwei Jahre ältere Lieblingsschwester Schillers lebenslang »Christophine« oder »Fene« genannt. Auch sie liebte ihren Bruder sehr und musste sich schon in Kindertagen seine Predigten anhören. Das kindliche Spiel hatte durchaus ernste Hintergründe: Schiller wollte und sollte Pfarrer werden. Deshalb wurde für seine Erziehung und Bildung Zeit und Geld aufgebracht, während, so die Klage der Mutter, der Vater an der Ausbildung der Töchter wenig interessiert war.

Die dichterische Ader der Mutter hatte zwar der Bruder geerbt, aber Christophine entpuppte sich schon früh als eine begabte und gewandte Zeichnerin. Ihre Begabung wurde durch einen schönen Zufall befördert. Als die Schillers 1766 ihre Haushaltung nach Ludwigsburg verlegten, traf es sich gut, dass man Tür an Tür mit dem Regimentsfeldscher und Kollegen Jeremias Friedrich Reichenbach wohnte. Dessen Tochter Ludovike war um zwei Jahre jünger als Christophine und hatte ebenfalls Talent zum Zeichnen. Die Mädchen wetteiferten miteinander in ihrer Begabung. Während Ludovike nach ihrer Konfirmation in Stuttgart jedoch eine professionelle Ausbildung erhielt, musste Christophine ihr Talent autodidaktisch weiterentwickeln. Gleichwohl sind wir sowohl durch ihre Arbeiten wie durch die Gemälde ihrer später berühmt gewordenen Künstlerfreundin Ludovike Simanowiz gut mit Porträts der Familie Schiller versorgt.

Auch ihr Mann, der ansonsten eher eigenbrödlerische und nüchterne Meininger Bibliothekar Wilhelm Friedrich Hermann Reinwald, den sie 1786 heiratete, war von der künstlerischen Tätigkeit seiner dilettierenden Frau gelegentlich angetan. Obwohl sie ihn durch ihren Bruder kennenlernte, dem er in der Bauerbacher Zeit ein treuer Freund und kenntnisreicher Ratgeber war, ging er Schiller als Schwager ziemlich auf die Nerven. Man fand keinen persönlich-menschlichen Kontakt mehr zueinander. Die Ehe mit dem um zwanzig Jahre älteren Mann, von der der Bruder abriet, blieb kinderlos. Reinwald starb am 7. August 1815. Christophine gab zunächst ihren Meininger Haushalt auf und zog zur Schwester Luise Frankh ins Schwäbische. Nach einer Reise durch die Schweiz ging sie jedoch nach Meinigen zurück, wo sie bis zuletzt als Blumen- und Bildnismalerin wirkte. Christophine überlebte ihren Bruder um 42 und ihren Gatten um 32 Jahre. Sie starb am 31. August 1847 und wurde auf dem Parkfriedhof in Meinigen begraben.

# Luise Dorothea Katharina Schiller
## verh. Frankh
### 1766–1836

Sieben beziehungsweise neun Jahre nach Friedrich und Christophine gab es am 23. Januar 1766 in der Familie Schiller erneut Nachwuchs. Es war ein Mädchen und wurde auf die Namen Luise Dorothea Katharina getauft. Noch wohnte man in Lorch, aber Ende des Jahres zog man in die Garnisons- und Residenzstadt Ludwigsburg.

Da Friedrich Schiller sieben Jahre später, als 14-Jähriger, gegen seinen und seiner Eltern Willen am 16. Januar 1773 als Zögling in die Militär-Akademie auf der Solitude einrücken musste, gab es wenig gemeinsame Kindheits- und Jugenderinnerungen. Dennoch bleibt Schiller auch dieser Schwester lebenslang liebevoll verbunden. »Küsse die liebe Louise«, schreibt er am 18. Oktober 1782 an die Schwester Christophine, und Verbundenheitsadressen dieser Art an das »Mädle« kennzeichnen Schillers Verhältnis zur jüngeren Schwester Zeit seines Lebens.

Als er im Jahre 1793 nach Schwaben kommt, besorgt ihm Luise zeitweise den Haushalt. An Körner schreibt er am 27. August 1793: »Die zweite Schwester versteht die Wirtschaft sehr gut, und führt jetzt in Heilbronn meine Ökonomie.«

Eine gute Haushälterin dürfte sie auch ihrem Mann gewesen sein. Mit 33 Jahren – für damalige Zeiten also relativ spät – heiratet sie nach dem Tod des Vaters im Jahre 1799 den Vikar Johann Gottlieb Frankh. Noch im selben Jahr erfolgt dessen Ernennung zum Pfarrer von

Cleversulzbach und Eduard Mörike wird ihn 1834 als Nachfolger beerben.

1802 kündigt sich für die 36-Jährige ein freudiges Ereignis an. Die Mutter kommt nach Cleversulzbach, um der Tochter während der Schwangerschaft zu helfen und bei der Geburt beizustehen. Die Vorfreude wird aber durch den Tod der Mutter am 29. April sehr getrübt. Der Bruder bedankt sich am 23. Mai 1802 aus Weimar bei Schwager und Schwester für die Betreuung und Pflege der Mutter: »Sie, mein teurer Schwager, haben die Sorgfalt meiner Schwester für die Verewigte geteilt und sich dadurch den gerechtesten Anspruch auf meine brüderliche Liebe erworben.«

Am 29. Oktober kann Schiller als Onkel und Pate trotz der traurigen Umstände aber herzlich zur Geburt eines Sohnes gratulieren, der den Namen des Vaters, Johann Gottlieb, erhält: »Zu dem lieben Sohn und Stammhalter wünsche ich herzlich Glück, ich weiß aus eigener Erfahrung, wie groß die Freude des Vaters ist, sich in einem Sohn fortleben zu sehen. Mögen alle guten Engel über dem kleinen Söhnlein wachen, daß er alle Perioden des Lebens glücklich durchwandle und die Freude seiner Eltern sei.«

# Caroline Christiane Schiller
## 1777–1796

Elisabetha Dorothea Schiller war bereits 45 Jahre alt, als sie am 8. September 1777 noch einmal ein Mädchen zur Welt brachte. Es erhielt die Namen Karoline Christiane und wurde liebevoll Nanette genannt. Sie war kein Nachzögling, denn nach Luise waren noch zwei Schwestern Schillers geboren worden. Doch beide Mädchen starben früh: Die kleine Marie Charlotte wurde nur fünf Jahre alt und das Mädchen Beate Friederike lebte gar nur sieben Monate.

Friedrich war inzwischen achtzehn Jahre alt. Die Berührungspunkte mit Nanette waren bei diesem Altersabstand daher eher marginal, obwohl ihm gerade dieses Mädchen an Aussehen und Begabung sehr ähnlich gewesen sein soll. Im Jahre 1792 ist sie mit der Mutter für längere Zeit bei Schiller in Jena, aber da ist sie noch ein Kind und er bereits ein berühmter Dichter, der eher väterlich von ihr spricht: »Meine jüngste Schwester«, schreibt er am 21. September 1792 anlässlich des Besuchs der beiden an Körner, »die funfzehn Jahre alt ist, hat sie [die Mutter] begleitet. Diese ist gut, und es scheint, daß etwas aus ihr werden könnte. Sie ist noch sehr Kind der Natur, und das ist noch das beste, da sie doch keine vernünftige Bildung hätte erhalten können«.

1793 kommt Nanette von der Solitude, wo die Eltern wohnen, nach Ludwigsburg, um, wie der Vater sagt, etwas in der Näherei und Putzmacherei zu erlernen. Noch einmal begegnet ihr Schiller auf seiner Reise in die schwäbische Heimat, von wo er wiederum an Körner am 27. August 1793 berichtet: »Meine jüngste Schwester ist ein hübsches Mädchen geworden, und zeigt viel Talent.«

Dieses Talent weiterzuentwickeln und auszubilden verhinderten die kriegerischen Zeitumstände. Um den kränkelnden Vater sorgte sich Schiller schon Ende 1795, und als zu Jahresbeginn auch die Mutter und die Schwestern krank werden, lässt dies Schlimmes befürchten. Im März verschlechtert sich insbesondere der Zustand von Nanette rapide. Sie und Luise hatten sich wohl auf der Solitude mit Typhus angesteckt; in den Nebengebäuden war zur Bekämpfung des Fiebers bei den Soldaten ein Lazarett eingerichtet worden. Während Luise die Seuche auskurieren kann, stirbt Nanette. »Unsere beste Tochter Nanette«, berichtet der schwer kranke Vater am 23. März 1796, »ist nicht mehr. Heute früh um 6 Uhr ist sie sanft entschlafen … Schon lang ist der Keim des Todes in ihr gelegen und hat sich über ihr ganzes Leben verbreitet. Trauriger Ernst mengte sich in alle ihre wenigen jugendlichen Freuden.«

Der Vater überlebt sein jüngstes Kind nur um wenige Monate. Von der Schwester Christophine erhält Schiller mit Datum vom 8. September 1796 die traurige Nachricht: »Nach meinem letzten Briefe vom 30. August wirst du nicht vermuten, daß es sich sobald mit unserem lieben Vater geändert hat. Gott hat gestern früh vier Uhr seine langen und schmerzhaften Leiden geendigt und ihn durch einen sanften Tod in ein besseres Leben hinübergeführt.«

Franziska Theresia
Reichsgräfin von Hohenheim
Herzogin von Württemberg
1748–1811

Das Gedicht *Empfindungen der Dankbarkeit*, gerichtet an die Favoritin des Herzogs Karl Eugen, entstand vermutlich zum 4. Oktober 1778. Da war die 1774 vom Kaiser zur Reichsgräfin von Hohenheim erhobene herzogliche Mätresse gerade dreißig Jahre alt, zwanzig Jahre jünger als der despotische Fürst, und für die Akademiezöglinge mehr als nur die unnahbare Landesmutter. Bei den alljährlichen Geburtstagsfeiern in der Militär-Akademie spielte man in ritualisierten Formen das Muster der bürgerlichen Familie nach. Das Lob der Landesmutter in dem genannten Gedicht präludiert das Lob der Mutter im *Lied von der Glocke*:

> Sie ist der Dürftgen Trost – sie gibt der Blöße
> Kleider,
> Dem Durste gibt sie Trank, dem Hunger Brot!
> Die Traurigen macht schon ihr Anblick heiter
> Und scheucht vom Krankenlager weg den Tod.

Für die pietistisch erzogene Franziska war das Spiel mit den bürgerlichen Familienverhältnissen ziemlich selbstquälerisch. Sie litt darunter, dass ihre Beziehung zum Herzog den zweifelhaften Status einer offiziellen Mätresse hatte. Dessen Ehe mit Elisabeth Friederike Sophie von Brandenburg-Bayreuth wurde nie geschieden, und so konnte sie den Herzog erst heiraten, nachdem die von Casanova als schönste Prinzessin Deutschlands

gepriesene Ehefrau 1780 in Bayreuth gestorben war.
Mit deren Schönheit konnte sie es aufnehmen – sie war
immerhin sechzehn Jahre jünger –, nicht aber mit der
katholischen Kirche. Der Vatikan erkannte die zweite
Ehe des Herzogs mit Franziska von Hohenheim erst
1791, zwei Jahre vor seinem Tod, an.

Man sagt der Herzogin von Württemberg eine fromme und mildtätige Denkungsart zu. Ob sie allerdings
wirklich einen mäßigenden Einfluss auf den despotisch-
unberechenbaren und auch in Frauenangelegenheiten
draufgängerischen Herzog ausgeübt hat, ihn vom prunk-
süchtig-absolutistischen Kleinstaatfürsten gar zu einem
fürsorglichen Landesvater umerzogen hat, sei dahinge-
stellt.

Schiller mochte noch 1793 beim Tod des Herzogs,
obwohl er Franziska von Hohenheim schätzte, an eine
grundlegende Wandlung von dessen Charakter nicht
glauben. Er war enttäuscht, dass es auf seiner Schwabenreise zu keiner Versöhnung mit dem Herzog gekommen
war. Aus Ludwigsburg kommentierte er in einem Brief
an Körner vom 10. Dezember 1793 dessen Tod ziemlich sarkastisch. Der Kommentar lässt nicht gerade den
Schluss zu, dass Schiller an Franziska von Hohenheim als
den guten Geist des Herzogs geglaubt hat: »Der Tod des
alten Herodes [gemeint ist der Herzog!] hat weder auf
mich, noch auf meine Familie Einfluß, außer, daß es allen
Menschen, die unmittelbar mit dem Herrn zu tun hatten, wie mein Vater, sehr wohl ist, jetzt einen *Menschen*
vor sich zu haben. Das ist der neue Herzog in jeder guten und auch in jeder schlimmen Bedeutung des Worts.«

Franziska von Hohenheim hatte nach dem Tode des Herzogs das Gut Hohenheim zu verlassen; sie richtete sich auf Schloss Kirchheim unter Teck ihren Witwensitz ein. Dort verstarb sie am Neujahrstag 1811 im Rufe einer mildtätigen und fürsorglichen Pietistin.

## *Amalia*
## Die Räuber
## (1781)

In den frühen Augsburger Theaterkritiken von Bertolt Brecht findet sich mit Datum vom 16. November 1920 eine Zusammenfassung von Schillers Erstlingsdrama *Die Räuber*, die man knapper und treffender kaum machen könnte: »Schillers Jugendwerk zeigt in bunten, wilden Bildern die rührende Leidensgeschichte eines hoffnungsvollen Jünglings, der durch die verbrecherischen Machenschaften seines eigenen Bruders Franz, einer schurkischen Kanaille, bei seinem armen alten Vater verdächtigt, aus wildem Trotz auf die schiefe Ebene gerät, als Räuberhauptmann in die böhmischen Wälder zieht, dort edle Taten begeht, einmal in seine Heimat zurückkehrt, seinen Vater im Hungerturm findet (nachdem ihn seine edle Geliebte beziehungsweise Braut Amalia nicht einmal erkannt hat), ihn befreit und als Rächer seinen Bruder erschlagen läßt, worauf er sich der Polizei stellt.«

Das Stück fasziniert und begeistert seit seiner Uraufführung, und noch jede Generation hat sich in den wilden und aufrührerischen Figuren des genialen Jungdramatikers wiedergefunden. Gleiches gelte, so wird mit einiger einschränkender Monotonie behauptet, nicht für die einzige Frauenrolle seines Stücks, für die Geliebte beziehungsweise die Braut des Räuberhauptmanns, für Amalia von Edelreich, die arme Nichte des alten Grafen von Moor. Das Waisenkind, das wie eine Schwester mit den beiden Söhnen des Grafen aufwuchs und wie diese gleichermaßen erzogen wurde, könne schwerlich einem lebenden Original nachgebildet sein. Wer sich diese Einschränkung zu eigen macht, ist dem Vorurteil schon erlegen. Lebende Originale standen wohl auch für die edlen Räuber und wilden Schufte nicht zur Verfügung, und ein Vorbild, das dem schurkischen Bruder Franz Züge geliehen haben könnte, ist nicht auszumachen. Nach dem Leben gezeichnet sind sie alle nicht. Sie alle sind Konstrukte aus Lektüre, aus Literatur, aus Empfindungen und aus Phantasie, den wirklichen Aktivposten des Dichters. Auch darin darf Brechts Zusammenfassung als vorbildlich gelten, weil sie Amalia einschränkungslos gelten lässt.

Die bunten und wilden Bilder der rührenden Leidens- und Liebesgeschichte eines hoffnungsvollen Sohnes ist genuin eine biblische Geschichte, die Geschichte vom verlorenen Sohn in der ins Tragische gewendeten Dreierkonstellation der Heiligen Familie, in der Amalia Mutter, Schwester und Geliebte ist. Seit tiefenpsychologische Einsichten zur Interpretation herangezogen werden, scheint die Figur der Amalia doch entschieden ins Recht gesetzt. Sie muss in dieser Konstellation zwingend allein stehen zwischen allen Männern. In ihrer Zartheit, Reinheit, Jungfräulichkeit und Weiblichkeit treffen sich deren Schicksale, Wünsche und Begierden und liefern sich ihre tödlichen Schlachten. In ihr, so der neidische Franz, herrscht »Karl wie ein Gott in seinem Tempel«, und auch Franz wünscht sich, ein solcher Gott in ihr zu sein. Der alte Moor herrscht auf seine himmlisch-heilig-weißlockige Vaterart nicht minder in ihr als Gottvater in seinen Kirchen und Hallen. Sie alle aber wissen, dass der Zustand ihrer Beziehungen jenseits der Liebe ist, nach der Vertreibung aus dem Paradies. Das Elternhaus ist verschlossen. Im biblischen Gleichnis öffnet es sich durch tätige Reue wieder, in der biblischen Geschichte eröffnet sich das Paradies nur durch das Selbstopfer des Sohnes – dem Mann / Menschen kann geholfen werden. Unter dem Kreuz steht eine Frau mit Schwertern im Herzen; hier stößt der Sohn der Frau, der Tochter, der Schwester, der Liebe des Vaters, einem »unschuldigen Lamm«, einer »Heiligen«, einem »Engel« das Schwert eigenhändig ins Herz, bevor er sich der Gerechtigkeit ausliefert.

Dafür gab es natürlich im wirklichen Leben kein Vorbild, das die Züge leihen konnte. Die Stichworte gab nicht die Wirklichkeit, sondern die Bibel und Shakespeare.

# Louise Dorothea Vischer
## 1751–1794

Auf einem Gemälde von (August) Friedrich Pecht (1814–1903) aus dem Jahre 1865 sieht man Louise Dorothea Vischer zusammen mit Friedrich Schiller und Henriette von Wolzogen beim Verlassen des Mannheimer Theaters. Die drei sind umgeben von einer Menschenmenge, die dem Dichter der *Räuber* Ovationen darbringt.

Die zweite Reise Schillers nach Mannheim in Begleitung der Damen Wolzogen und Vischer Ende Mai 1782 war aber in Wahrheit ein Reinfall gewesen, weil *Die Räuber* mangels einsatzfähiger Schauspieler nicht aufgeführt werden konnten. Gleichwohl huldigt das Bild in verklärender Darstellung neben dem Dichter auch einer Frau, die Schillers Schwester Christophine wenig vorteilhaft schildert: »Louise (…) war eine magere Blondine mit blauen schwimmenden Augen. Man konnte sie durchaus nicht schön nennen, auch war sie acht Jahre älter als Schiller, doch besaß sie, vielleicht eben für jüngere Männer, etwas Anziehendes und Pikantes. Weder durch Geist, noch durch Talente zeichnete sie sich besonders aus; dagegen wurde ihre Herzensgüte allgemein gerühmt. Sie war musikalisch, und obgleich nur in sehr geringem Grade, so reichte ihr Spiel dennoch hin, bei Schiller jenen exaltierten Zustand hervorzurufen, der sich in seiner Dichtung *Laura am Klavier* kundgibt.«

Zu Louise Dorothea Vischer war Schiller ein Jahr vor dem Besuch in Mannheim im Februar 1781 als Unter-

mieter gezogen. Er genoss nach der Entlassung aus der
Militärakademie des Württembergischen Herzogs erstmals die Freiheit eines burschikosen Lebens, und die
erst 30-jährige Hauptmannswitwe ließ sich die Galante-
rien des jungen und unerfahrenen Untermieters vermutlich gerne gefallen. Sie lud ihn in ihr Wohnzimmer ans
Klavier; er spielte mit ihren Kindern und er empfand die
Frau, anders als die Saufkumpane, keinesfalls verwahr-
lost an Geist und Gestalt. Sonst wäre sie als Begleiterin
der adeligen Frau von Wolzogen nach Mannheim wohl
kaum vermittelbar gewesen.

Das Bild von Pecht erweist Schillers erster Muse die
Reverenz; diese Verbeugung war bei allem Schillerkult
des 19. Jahrhunderts gerechtfertigt, weil der Dichter seinerseits seine Vermieterin, der er – wir dürfen es als
gewiss erachten – in Liebschaft verbunden war, verklärt
hat. In Analogie zu Petrarcas Muse und unerreichbaren
Geliebten stilisierte Schiller die Vischerin in den Laura-
Oden der *Anthologie auf das Jahr 1782* zu seiner Gelieb-
ten und inspirierenden Göttin. Er verwandelt schäbige
Wirklichkeit in beschönigende Dichtung. »Laura am
Klavier«, so enthüllt er uns im gleichnamigen Gedicht,
verschafft ihm »selige Augenblicke« und höchste »Ent-
zückungen« oder stürzt ihn auch in tiefe »Melancholie«.
Zu solchen Poesien destilliert, begleitet das Spiel der
Vischerin die Druck- und Aufführungsgeschichte der
*Räuber*, eines Stückes, das der Wirklichkeit seiner Zeit
auf unsanfte Weise die schöne Maske vom Gesicht riss.
Das hatte das Publikum in Mannheim verstanden, und
deshalb huldigte es Schiller, und die Verehrung klam-

merte auch die erste Muse seiner kurzen, wenngleich heftigen Sturm-und-Drang-Periode nicht aus.

Das weitere Schicksal der Vischerin war bitter. Sie gebar im August 1785 eine weitere Tochter, deren Vater der noch nicht 20-jährige Karlsschüler Johann August Bernhard von Braun war. Mit ihm wollte sie schon im März in die Schweiz fliehen, wurde aber bei ihrem Fluchtversuch festgenommen.

*Leonore*
# Die Verschwörung des Fiesco zu Genua
(1783)

Leonore, die Gemahlin des Fiesco, ist eine »Dame von achtzehn Jahren«. Sie ist »blass und schmächtig«, »fein und empfindsam«. Im Personenverzeichnis von Schillers republikanischem Trauerspiel *Fiesco* erfahren wir noch mehr über diese Dame, die uns in ihrer schwärmerischen Melancholie eher wie ein Mädchen aus einem Stück Shakespeares anmutet. Sie ist sehr anziehend, wenngleich ihre Blässe und Schmächtigkeit sie zu keiner blendenden Erscheinung machen.

Wie die Gemahlin des Fiesco charakterisiert uns Schiller im Personenverzeichnis auch die meisten übrigen Protagonisten in einer Ausführlichkeit, wie er es später nie mehr tun wird. Selbst ihre schwarze Kleidung legt der Dramatiker fest, und er stellt sie damit in eine Personenreihe, die, mit solcherart theatralischem Zeichen uniformiert, zeigen soll, dass ihre übermütig-adelsstolze Gesinnung auch ihr gemeinsames Schicksal ist. Alle Nobili gehen schwarz, will sagen, Fluch liegt über ihrer aller Tun, auch und gerade über dem der Julia Imperiali, die in Erscheinung und Charakter ansonsten als das Gegenbild zu Leonore entworfen ist.

Zu diesem Gegenbild fühlt sich der genusssüchtige Lebemann Fiesco hingezogen. Mit ihrer bizarren Schönheit kontrastiert Schiller die Tugend Leonores, denn der zwiespältige Kampf um die Freiheitsrechte der Republik Genua zeigt sich auch als ein wüster Geschlechterkampf von extravaganter, persönlicher Leidenschaftlichkeit.

FIESCO *(unschuldig gegen Gianettino)* Haare und
Republiken! Nicht wahr, das gilt uns gleichviel?
(III,10)

Schiller weiß diese Parallelität im Geiste einer skrupel-
losen Renaissancezeit perfekt zu inszenieren. Seine
scheinbaren Übertreibungen und Überschwänglichkei-
ten in der Anlage seiner Figuren sind nicht nur seinem
jugendlichen Ungestüm, sondern der Vorstellung von
einer Gesellschaft geschuldet, die vor der Hölle und
den Abgründen menschlicher Niedertracht selten er-
schauerte.

Entsprechend heftig ist die Intrige des Stückes ge-
sponnen, entsprechend effektvoll geschürzt sind die
dramatischen Knoten und entsprechend zugespitzt
stürzt das Stück die Handlungsträger in den Untergang. Die Fallhöhe für Leonore, der wir unsere Teilnahme nicht versagen können, ist gewaltig. Sie liebt
ihren Mann, glaubt ihn mit ihrer Sanftheit, Zärtlich-
keit und Leidenschaftlichkeit gewonnen zu haben und
muss feststellen, dass ihr verwegener Besitz jeder teuf-
lischen Verführung zugeneigt ist und dass sie selber nur
als eine Figur im Planspiel der Macht erachtet wird. Sie
hat viel zu leiden, und mit dem ersten Satz des Trauerspiels

LEONORE *(reißt die Maske ab)* Nichts mehr! Kein
Wort mehr! Es ist am Tag. *(Sie wirft sich in einen
Sessel)* Das wirft mich nieder.

wird ein Ehedrama eröffnet, das im Spiegel der scheiternden Verschwörung Antwort aus der Hölle oder dem Tollhaus erhält.

Neben Leonore selbst introduziert die erste Phrase des Dramas auch die »stadtkundige Kokette«, Julia Imperiali, und auch das Ende der hohen Haupt- und Staatsaktion ist nicht minder klar ausgesprochen: Niederwerfung, Untergang und Tod einer Frau, die Schiller für sein weibliches Publikum zur Identifikationsfigur aufbaute. Mit ihr konnte man leiden und weinen, konnte sich moralisch überlegen fühlen, und man konnte in der Begegnung der beiden Damen einen Vorgeschmack dessen bekommen, was Schiller später in vergleichbaren Damenkonstellationen noch zu übertreffen vermochte.

Aus dem Ehedrama, das mit dem ersten Satz des Stückes genial skizziert wird, geht die tugendhafte Leonore vor aller Welt als die Siegerin hervor. Sie wird von ihrem Gatten und er vor ihr gerechtfertigt. Aber die Szene, in der dies geschieht, ist eine sehr unaufrichtige, schwülstig-theatralisch angelegte Demonstration von reiner Oberflächenwirkung (IV,12). Leonore verspürt es sofort, dass ihre Tugend, dass ihre Liebe im Planspiel der Macht – und dieses Spiel hat Fiesco zuvörderst im Sinn – keine Chancen hat.

> LEONORE. ... In dieser stürmischen Zone des
> Throns verdorret das zarte Pflänzchen der Liebe.
> (IV,14)

Fiesco kann und will solches nicht verstehen; er ist ein
Mann und er instrumentalisiert die Liebe, die Leonores
Manifest freispricht.

> LEONORE *(freudig rasch)*. Laß uns fliehen, Fiesco –
> laß in den Staub uns werfen all diese prahlende
> Nichts, laß in romantischen Fluren ganz der
> Liebe uns leben. *(Sie drückt ihn an ihr Herz,
> mit schöner Entzückung)* Unsre Seelen, klar
> wie über uns das heitere Blau des Himmels,
> nehmen dann den schwarzen Hauch des Grams
> nicht mehr an – Unser Leben rinnt dann melo-
> disch wie die flötende Quelle zum Schöpfer –
> *(Man hört den Kanonenschuß. Fiesco springt
> los. Alle Verschworene treten in den Saal)* (IV,14)

Dass das neue, rousseauistische Glaubensbekenntnis
in Sachen Frauen und Liebe, wie es sich in Leonores
Bitte ausdrückt, durch die politische Männerordnung
vereitelt wird, verwundert nicht weiter. Gegen den
schwarzen Hauch des Grams, für den das Kostüm nur
das Zeichen ist, wächst so leicht kein Kraut. Leonore
fällt, aber Schiller spitzt ihren Untergang zu. Sie fällt
in verhängnisvoller Verwechslung durch Fiescos eigene
Hand. Das hat man Schiller als eine unnütze und ent-
behrliche Grausamkeit und dramatische Übertreibung
angekreidet. Es ist aber nur konsequent, vor allem, weil
Leonore sich selbst plötzlich in die Gangart der Männer zwingt. In Männerkleidern stürzt sie sich, nur um
sich dem Helden als eine Heldin anzudienen, mit dem

Schlachtruf »Fiesco und Freiheit« ins verhängnisvolle allseitige Getümmel.

> LEONORE. ... Mein Brutus soll eine Römerin
> umarmen. *(Sie setzt den Hut auf und wirft*
> *den Scharlach um)* Ich bin Porcia. (V,5)

Das hohe Wagnis scheitert kläglich. Leonore liegt von Fiesco erstochen und dieser dann jämmerlich ertrunken in den Wellen. Des Kammermädchens sarkastisch-nüchterne Replik auf Leonores überraschenden Gesinnungswandel, ihrerseits beim Bau einer altrömischen Republik dabei zu sein, ist zu guter Letzt der Kommentar zum republikanischen Trauerspiel, in dem gezeigt wird, dass vor lauter liederlichem Anspruch am Ende nur das Alte als Sieger hervorgeht.

> ARABELLA. Gnädige Frau, Sie wissen nicht,
> wie entsetzlich Sie schwärmen. Nein, das
> wissen Sie nicht. (V,5)

*Julia Imperiali*
Die Verschwörung des Fiesco zu Genua
(1783)

Julia Imperiali, die Schwester des Neffen des Dogen von Genua, ist fünfundzwanzig Jahre alt und Witwe. Sie trägt aber, wie wir wissen, nicht deshalb schwarze Kleidung, sondern weil sie zu den Nobili der Republik Genua gehört, die unter diesem Zeichen als eine disparate Einheit ausgewiesen werden. Die »stolze Kokette« ist »groß und voll« und ihre »Schönheit ist durch Bizarrerie verdorben«. Sie ist eine blendende Erscheinung, aber mit einem »bösen mokanten Charakter«, der sich im Spiegel ihres Gesichts verrät. Im Unterschied zu Leonore, der Gattin des Fiesco, vermag sie, so Schiller in seiner Charakterisierung im Personenverzeichnis des Dramas, nicht zu gefallen.

Einem gefällt sie dennoch auf Anhieb: Fiesco ist sofort Feuer und Flamme, als er der Witwe auf dem Maskenfest in seinem Hause begegnet, und der Umschlag von der Galanterie zur Leidenschaft braucht nicht mehr Zeit als der »lange verweilende Kuß auf ihren entblößten Arm«. (I,1) Julia Imperiali darf sich Fiescos Liebe von Schillers Gnaden schnell sicher sein. Im Gegenzug ist selbst ihr hochmütiges Herz der Liebe zugänglich, was die Eheangelegenheiten bei den frisch vermählten Fiescos nicht eben erleichtert und auch die Koordinaten der Verschwörung ziemlich durcheinanderbringt. Wie soll Fiesco Gianettinos Machtübernahme vereiteln, wenn er ausgerechnet dessen Schwester liebt.

LEONORE. ... Genua zittert vor ihm, und Fiesco,
   *(in Wehmut hinabgefallen)* Fiesco – weinet um
   mich – liebt seine Schwester. (I,1)

Bei dieser fragwürdigen Konstellation ist für die Ehe
der Fiescos wenig zu hoffen und auch eine altrömische,
sprich tugendhafte Republik schwer denkbar. Aber es
kommt noch schlimmer, weil Julia Imperiali den sprichwörtlich gewordenen Mohren Hassan – »der Mohr hat
seine Arbeit getan, der Mohr kann gehen« – beauftragt,
Leonore mit Gift aus dem Weg zu räumen.

MOHR. ... diese Pulver gab mir Signora, Eurer
   Frau täglich eins in die Schokolade zu rühren.
FIESCO *(tritt blaß zurück)*. Gab dir?
MOHR. Donna Julia, Gräfin Imperiali. (III,4)

Bei so viel Niedertracht gerät selbst der ebenso »heil-
lose« wie »tückische« Fiesco einigermaßen düpiert in
die Klemme.

FIESCO *(außer Fassung)*. Ungeheuer! Ungeheuer! –
   dieses holdselige Geschöpf? – Hat so viel Hölle
   in einer Frauenzimmerseele Platz? (III,4)

In der Tat, es hat viel Hölle Platz in Frauenzimmerseelen,
aber auch ebenso viel Hölle in der Seele von Männern,
die ihre Ritterlichkeit gerne vergessen machen wollen.
Wegen dieses Mordplans gegen Leonore will Fiesco Julia Imperiali demütigen. Nicht weil er die Tugend seiner

Frau plötzlich so schützenwert fände, sondern weil er durch die Aufdeckung des Komplotts seine politischen Planspiele durchaus befördern kann. Er inszeniert sich selbst in einer leidenschaftlich-schwülen Liebesszene mit Julia, die er von Leonore belauschen lässt, um vor ihr und vor den Mitverschworenen als untadeliger Ehemann zu erscheinen. In dem Augenblick, als Julia vor ihm mit dem Geständnis »Ich bete dich an, Fiesco« niederfällt, führt er kalt triumphierend seine Gattin aus dem Versteck.

> JULIA *(schluchzend)*. Die Pest über dich, schwarzer, heimtückischer Heuchler. *(Zu Leonoren, grimmig)* Freue dich deines Triumphs nicht, auch dich wird er verderben und sich selbst, und – verzweifeln! *(Stürzt hinaus)* (IV,13)

Der Preis für die Reinwaschung ist hoch. Julia wird ins Gefängnis gebracht, aber ihr Fluch geht in Erfüllung. Nicht an ihr – sie verschwindet einfach aus dem Stück – wird der höhere Sinn dieses scheiternden Aufstands demonstriert, sondern an dem Paar, das in dem Konflikt zwischen privater Tugend und politischer Handlung schmählich scheitert. Der dramatische Plot Schillers interpretiert ihren Lösungsversuch entgegen der Etikettierung »Trauerspiel« eher mit der Häme einer jämmerlichen Farce, weil die beiden Protagonisten weder zur Liebe noch zu einer tugendhaften Herrschaft befähigt sind.

# Henriette von Wolzogen
## 1745–1788

Henriette von Wolzogens Sohn Wilhelm war ein Kommilitone Schillers auf der Karlsschule, wo sowohl Adelige als auch Bürgerliche ausgebildet wurden. Über ihn hat sie von Schillers Drama *Die Räuber* erfahren. Mutter und Sohn erkannten instinktiv das dichterische Talent des Mitschülers und gaben schnell ihre standesbedingte Reserviertheit auf.

Nach dem sensationellen Erfolg bei der Uraufführung in Mannheim am 13. Januar 1782 war es für die seit acht Jahren verwitwete Mutter von fünf Kindern kein gesellschaftlicher Fehltritt mehr, den über Nacht zur Berühmtheit gewordenen Dichter ins Theater zu begleiten. Ende Mai stieg sie zusammen mit Frau Hauptmann Vischerin und Schiller in die Kutsche nach Mannheim.

Trotz der Enttäuschung über die mangels Darsteller ausgefallene Vorstellung des Stücks blieb Henriette von Wolzogen Schiller gewogen, ja sie konnte sich, anders als Schillers Zimmerwirtin, zunehmend als Gönnerin eines genialen Jungdramatikers profilieren. Als ihr dessen Schwierigkeiten mit dem Herzog offenbar wurden, bot sie Schiller großzügig ihr Gut Bauerbach in Thüringen als Asyl an.

Schiller trat am 22. September seine Flucht aus Württemberg an. Nach Stationen in Mannheim und Oggersheim traf er inkognito als Dr. Ritter am 7. Dezember 1782 in Bauerbach ein. Die lieber in Stuttgart logierende Retterin hatte alles vorbereiten lassen, sodass sich Schiller auf ihrem Gut ganz auf sein nächstes Projekt, auf *Kabale und Liebe* konzentrieren konnte. Zur Seite stand ihm vor Ort der Meininger Bibliothekar Wilhelm Friedrich Hermann Reinwald, zu dem der Dichter sofort ein enges Freundschaftsverhältnis aufbaute. Reinwald war über die wahre Identität Schillers durch Henriette von Wolzogen unterrichtet.

Sie selbst reiste gegen Ende des Jahres mit ihrer knapp 17-jährigen Tochter Charlotte nach Bauerbach. Es kam, wie es kommen musste: Schiller verliebte sich sofort in die Tochter seiner edlen und mütterlichen Wohltäterin. Zwar verließen beide Damen bereits am 24. Januar wieder das Gut, um nach Stuttgart zurückzugehen, aber die leise schwelende Liebe, deren Spuren sich in *Kabale und Liebe* leicht finden lassen, begann lichterloh zu brennen, als Mutter und Tochter im Mai wieder vor Ort waren. Schiller bereitete den beiden einen groß inszenierten Empfang mit einer Ehrenpforte von Tannenzweigen, Salutschüssen, artiger Musik und Einzugsrede.

Henriette von Wolzogen ließ sich solche Dankbarkeit für ihren durchaus mutigen, weil für ihre auf der Karlsschule in Stuttgart befindlichen Söhne nicht ungefährlichen Schutz, gefallen, aber Schillers Träumereien von engerer Verbindung, ja Verheiratung mit ihrer Tochter entzog sie energisch den Boden. So weit sollte die Herablassung denn wohl doch nicht gehen.

Schiller hat diese Zurückweisung wenig später in den Theaterkreisen Mannheims bald überwunden, und als man sich Jahre später, im November und Dezember 1787, abwechselnd in Bauerbach und Meiningen eini-

ge Male wiedertraf, verkehrte man zwar hocherfreut
und literarisch und freundschaftlich animiert miteinander, doch der Zauber jener ersten Zeit war verflogen.
Es blieb aufseiten Schillers jedoch das Gefühl großer
Dankbarkeit für seine Gönnerin, dem er aus trauri-
gem Anlass ziemlich bald Worte zu geben hatte. Henriette von Wolzogen starb überraschend am 5. August
1788. Dem Mitschüler, Freund und künftigen Schwager
Wilhelm von Wolzogen versicherte er am 10. August
1788 brieflich: »Alle Liebe, die mein Herz ihr gewidmet
hatte, will ich ihr in ihrem Sohne aufbewahren, und
es als eine Schuld ansehen, die ich ihr noch im Grabe
abzutragen habe. Wir sind schon längst durch die zärtlichste Freundschaft gebunden; lassen Sie uns dieses
Band mit brüderlicher Herzlichkeit fortsetzen und wo
möglich noch fester knüpfen. Wir wollen einander wie
Brüder angehören.«

# Charlotte von Wolzogen
## 1766–1794

Als zum Jahreswechsel 1782/83 Henriette von Wolzogen und ihre Tochter Luise Sophie Charlotte nach Bauerbach in Schillers Asyl zu Besuch kommen, verliebt er sich Hals über Kopf in das Mädchen, das ihm zwar zugetan ist, seine stürmische Liebe jedoch nicht gleichermaßen erwidert. Von Stund an wird die Angebetete äußerlich vollkommen das Vorbild der Luise Millerin, wie das Stück *Kabale und Liebe* ursprünglich betitelt werden sollte. 16-jährig, hübsch und blond, ist diese für ihren Ferdinand unerreichbar, wie Charlotte umgekehrt für Schiller als Frau unerreichbar bleibt. Die Feinzeichnung des Mädchens, die er dem Bruder Charlottes am 25. Mai 1783 liefert, gilt für beide gleichermaßen: »Noch ganz wie aus den Händen des Schöpfers, unschuldig, die schönste, weichste, empfindsamste Seele, und noch kein Hauch des allgemeinen Verderbnisses am lautern Spiegel ihres Gemüts – so kenn ich Ihre Lotte, und wehe demjenigen, der eine Wolke über diese unschuldige Seele zieht!«

Die Drohung galt wohl nicht für den Schreiber. Der hält am 30. Mai 1783 bei der Mutter in einem »tollen Brief« um die Hand des noch kindlich-unschuldigen Mädchens an. »Daß ich bei Ihnen bleibe und womöglich begraben werde, versteht sich«, schreibt der vor Liebe völlig kopflos gewordene Schiller. Henriette von Wolzogen ist bei aller Fürsorge für den Dichter darüber nicht gerade begeistert. Übers Jahr, aus Mannheim, legt Schiller in Sachen Heirat am 7. Juni 1784 noch einmal nach: »Fände ich ein Mädchen, das meinem Herzen teuer genug wäre! oder könnte ich *Sie* beim Wort nehmen, und Ihr Sohn werden. Reich würde freilich Ihre Lotte nie – aber gewiß glücklich.«

Tochter und Mutter, ja Schiller selbst, konnten das nicht ganz ernst nehmen. Es blieb bei freundlicher, aber bestimmter Zurückweisung der Anträge. Dramatisch-tragisch und unglücklich wie auf dem Theater im bürgerlichen Trauerspiel wurde darüber niemand. Charlotte erlernte die Wirtschaft, Schiller tröstete sich in Mannheim, und Henriette von Wolzogen behandelte Schillers Schulden nach wie vor mit Diskretion.

Das Wiedersehen mit Mutter und Tochter im November 1787 in Bauerbach beschreibt Schiller in einem Brief an Körner am 8. Dezember sehr nüchtern: »Ich war also wieder in der Gegend, wo ich von 82 bis 83 als ein Einsiedler lebte. Damals war ich noch nicht in der Welt gewesen, ich stand sozusagen schwindelnd an ihrer Schwelle, und meine Phantasie hatte ganz erstaunlich viel zu tun. Jetzt, nach fünf Jahren, kam ich wieder, nicht ohne manche Erfahrungen über Menschen, Verhältnisse und mich. Jene Magie war wie weggeblasen. Ich fühlte nichts.«

Wilhelm, dem Bruder Charlottes, blieb Schiller als Schwager verbunden. Die Tochter, seit 1788 mit August Franz Rühle von Lilienstern verheiratet, folgte der Mutter im Abstand von sechs Jahren 28-jährig ins Grab. Sie teilte das Los so vieler Frauen der Zeit: sie starb 1794 bei der Geburt ihres ersten Kindes.

*Louise Miller*
## Kabale und Liebe
(1784)

Major Ferdinand von Walter, der Sohn des Präsidenten am Hofe eines deutschen Fürsten, liebt ein bürgerliches Mädchen, die Tochter Luise des Stadtmusikus Miller. Das ist eine Liebe, die sich, der Stimme der Natur und des Herzens folgend, über alle Standesschranken und gesellschaftlichen Konventionen hinwegsetzt. Man muss sich die Grenzziehungen dieses Stückes heute mehr denn je vergegenwärtigen, um das bürgerliche Trauerspiel *Kabale und Liebe* vollständig zu verstehen. Die Verletzung der Gehorsamspflichten auf allen Ebenen des Stückes bedeutet den Einsturz des gesellschaftlichen Gesamtgefüges. Diese Bedrohung haben die Zeitgenossen – wie bei Schillers *Räubern* – auch bei diesem Drama gespürt.

Eher eine Ausnahme machte der Schriftsteller Karl Philipp Moritz; der fand das Stück Schillers voller Pöbelwitz und gotteslästerlicher Ausdrücke. In seiner Rezension in der *Königlich privilegirten Berlinischen Staats- und gelehrten Zeitung* charakterisierte er am 21. Juli 1784 das Verhältnis der beiden Liebenden als den Kampf eines »Gecken« mit der Vorsehung um »ein dummes affectirtes Mädchen«. Er macht sich gewissermaßen die Innensicht des Sekretärs Wurm zu eigen, der seinen Rivalen um die Gunst des Mädchens als »einen adeligen Windbeutel« beschreibt, der nichts weiter im Sinne habe, als Luise schnell »herumzuholen«, sprich, zu verführen.

In der Tat haben die Liebenden aus Sicht ihrer Um-

welt ein Glaubwürdigkeitsdefizit: Er gerät in den Ruf
des aristokratischen Verführers unschuldiger Bürger-
mädchen, und Luise wird schnell zur kleinen Metze, ja
zur Hure gestempelt, deren Liebe nur Berechnung sei.
Aber die Tochter ist nicht die Mutter, die ihr Kind »zu
was Hohem gemünzt« sieht, und der Sohn des Präsidenten nicht wie der berechnende und intrigenspinnende
Vater. Auf flankierenden Schauplätzen handelt Schiller
auf dramatisch-virtuose Weise diese Konflikte ab. Um
mit Moritz zu sprechen: »Das ist die Kabale.« Das aber,
was die Liebe ist, müssen Ferdinand und Luise ihrerseits
unter Beweis stellen. Sie müssen einander selbst glaub-
haft machen, dass sie sich nicht nur ineinander vergafft
haben, sondern dass sie sich wirklich lieben. »Ich fürchte nichts – nichts – als die Grenzen deiner Liebe«, gesteht Ferdinand (I, 4). Die ist in der Tat grenzenlos, aber
es zu beweisen wird Luise sehr schwer gemacht und
kostet schließlich beider Leben.

Schiller, der sein Stück zunächst unter den Vorausset-
zungen des bürgerlichen 18. Jahrhunderts aufstellt, ei-
fert zur Beweisführung einem berühmten Vorbild nach:
*Romeo und Julia.*

Wenn Luise liebt, liebt sie wie Julia: »Als ich ihn das
erstemal sah – *(rascher)* und mir das Blut in die Wangen
stieg, froher jagten alle Pulse, jede Wallung sprach, jeder Atem lispelte: Er ists, und mein Herz den Immer-
mangelnden erkannte, bekräftigte, Er ists, und wie das
wiederklang durch die ganze mitfreuende Welt. Damals –
o damals ging in meiner Seele der erste Morgen auf. Tau-
send junge Gefühle schoßen aus meinem Herzen, wie

die Blumen aus dem Erdreich, wenns Frühling wird. Ich sah keine Welt mehr, und doch besinn ich mich, daß sie niemals so schön war. Ich wußte von keinem Gott mehr, und doch hatt' ich ihn nie so geliebt.« (I,3)

Wie die Ausgangslage analog zu Shakespeares Stück gestaltet ist – Liebe in verkrusteten und überkommenen Väterwelten –, so der Endzustand: der Liebestod eines Paares durch Gift. Das Scheitern ist vorprogrammiert, hier wie dort, weil eine erhörte Liebe, die eine ungehörige Liebe ist, in dieser Welt nicht sein kann, sein soll und sein darf. Ferdinand will wissen, »ob die *Mode* oder die *Menschheit* auf dem Platz bleiben wird«. (II,3) Das Stück, sein Schicksal, beantwortet es ihm mit aller Deutlichkeit. Auf dem Schauplatz liegt sie ermordet, die Väter haben sich gegen die Liebe gestellt; mit brechender Stimme legt er sich zu der Ermordeten: »Luise – Luise – Ich komme – – Lebt wohl – – laßt mich an diesem Altar verscheiden –« (V,8)

*Lady Milford*
Kabale und Liebe
(1784)

Louise Miller, so Ferdinand, lebt im »Hause der Unschuld«, wohingegen der Palast ihrer Rivalin eher eine »Freistätte der frechsten Ergötzlichkeiten« ist. »Wir Frauenzimmer«, so die Auskunft der Palastinhaberin, die in allem das Gegenbild zu der 16-jährigen Louise Miller ist, »können nur zwischen *Herrschen* und *Dienen* wählen, aber die höchste Wonne der *Gewalt* ist doch nur ein elender Behelf, wenn uns die *größere* Wonne versagt wird, Sklavinnen eines Mannes zu sein, den wir lieben! –« Und allen Kabalen zum Trotz liebt Lady Milford, die ihre Ehre dem Fürsten als seine Favoritin verkauft hat, wirklich und wahrhaftig, aber eben nicht den Fürsten, sondern den Major Ferdinand von Walter. Auch sie behauptet – die freie Tochter Englands – wie Ferdinand, wie Louise das Recht der Natur, den Anspruch des Herzens: »Meine Ehre habe ich verkauft«, sagt sie zu ihrer Kammerjungfer, »aber mein Herz habe ich frei behalten – ein Herz, meine Gute, das vielleicht eines Mannes noch wert ist«. (II,1)

Lady Milford weiß ihre Situation sehr genau einzuschätzen, und zweifellos leidet auch sie unter diesem elenden Zwiespalt. Sie ist keine »Nichtswürdige«, wie Ferdinand zunächst meint, keine Zynikerin, keine Gewissenlose, ebenso wenig wie Louise eine Metze und er ein Windbeutel ist. Schiller gestaltete unter der Vorgabe eines bürgerlichen Trauerspiels weniger nach Kriterien einer symbolischen Überhöhung wie bei den *Räubern*, sondern nach Maßgabe psychologisch-realistischer Feinzeichnung. Die Verfahren sollten nicht wertend gegeneinander ausgespielt werden, nicht nur weil Schiller zu idealistischen Überhöhungen zurückkehren wird, sondern weil in *Kabale und Liebe* mit den Figuren des Präsidenten, seines Faktotums Hofmarschall von Kalb und seines Sekretarius Wurm genügend »Ungeheuer« übrig bleiben, von denen ein Kritiker wie Karl Philipp Moritz gerne erfahren würde, »wie diese Menschen so geworden sind« wie sie sind.

Dass Schiller seinen Protagonistinnen Züge lebender Originale verlieh – Louise zeigt bekanntermaßen Züge der 16-jährigen Charlotte von Wolzogen, für die Favoritin stand ihm die Mätresse des verhassten Herzogs Karl Eugen leibhaftig vor Augen –, sollte nicht darüber hinwegtäuschen, dass das Wissen darum noch kein hinreichendes Verständnis für die dramatischen Figuren gewährleistet. Für die großartige Szene, in der sich, die spätere Begegnung zweier Königinnen in *Maria Stuart* vorwegnehmend, Lady Milford und Louise Miller begegnen, gab es für Schiller ohnehin keine Vorgaben der Wirklichkeit. Hier war alles der Gestaltungskraft und der Delikatesse des dramatischen Genies überantwortet: Zwei Nebenbuhlerinnen von so ungleichem Stand und aus so ungleichen Sprachwelten ins Duell zu schicken, war eigentlich eine Verwegenheit. Das dramatische Husarenstück so genial bewältigt zu haben, erfordert den geborenen Dramatiker, und es hinzubekommen, dass jede der beiden Frauen aufrecht und gerechtfertigt den Schauplatz verlassen kann, gleicht einem dramatischen Wunder.

Es gelingt, weil die Ungleichen ein Gemeinsames verbindet: ihre aufrichtige Liebe zu Ferdinand gemäß jener neuen Stimme des Herzens, ohne die jegliche sonstige revolutionäre Dynamik des Stücks hohles Theatergetöse geworden wäre. Louise bringt es auf den Punkt: »Sie sind nicht fähig, ein Geschöpf zu quälen, das Ihnen nichts zuleide getan, als dass es empfunden hat wie Sie – Aber ich liebe Sie um dieser Wallung willen, Mylady.« (IV,7) Für das Publikum, nicht ihrer eigenen Einschätzung nach, scheint sie zunächst als moralische Siegerin abzugehen. Für Louise selbst ist dies jedoch bedeutungslos. Aber Schillers dramatischer Trick besteht darin, dass der ebenso aufrechte Abgang der Lady um der poetischen Gerechtigkeit und nicht um der dramatischen Notwendigkeit willen für das Publikum als ein Nachtrag geliefert wird. Lady Milford kann ungehindert und erhobenen Hauptes aus dem Drama verschwinden. Natürlich wird es am Hofe einen Eklat geben, aber so wie sich die Skandaldame für ihre Dienerschaft in ein rührendes Exempel hart erprobter Tugendhaftigkeit verwandelt, so wird sie für das Publikum zu einem Beispiel glänzend widerlegten Vorurteils, vergleichbar jener Freude im Himmel, die über die Umkehr eines Sünders weit größer ist als über 99 Gerechte, die der Buße nicht bedürfen. (Lk 15,3–7)

# Sophie von La Roche
## geb. Gutermann
### 1730–1807

Wenn wir Goethe glauben dürfen, so war die in Kaufbeuren geborene, in Augsburg aufgewachsene und in Biberach verheiratete Marie Sophie von La Roche eine Frau, die »bis in ihre höheren Jahre eine gewisse Eleganz zu erhalten gewusst [hat], die zwischen dem Benehmen einer Edeldame und einer würdigen bürgerlichen Frau gar anmutig schwebte«. Als sie Schiller im Oktober 1783 kennenlernen wollte, war sie immerhin schon fast 53 Jahre alt, aber offenbar vermochte sie auf den zum 1. September 1783 frisch bestallten Theaterdichter in Mannheim zu wirken, wie von Goethe im 13. Buch von *Dichtung und Wahrheit* beschrieben.

Die Frau, die dem jungen Dichter begegnen wollte, war aber nicht nur die Jugendliebe des Weimarer Prinzenerziehers und Autors Christoph Martin Wieland, sondern auch selbst eine anerkannte Schriftstellerin – eine Seltenheit in jenen Zeiten. Schiller hatte den September an Malaria erkrankt darnieder gelegen, aber Anfang Oktober 1783 konnte er einen Ausflug nach Speyer wagen, wo die La Roche wohnte, nachdem ihr Mann 1780 wegen kirchenkritischer Äußerungen vom Trierer Kurfürsten Clemens Wenzeslaus entlassen worden war. Schiller reiste zu der großen Mittagsgesellschaft in Speyer in Begleitung seines Verlegers Christian Friedrich Schwan und dessen Tochter Margaretha sowie deren Freundin Johanna, Tochter des Hofrats Lamey.

Schiller war von der mädchenhaften Eleganz der La

Roche bezaubert und machte um den 10. Oktober erneut seine Aufwartung in Speyer. Begleitet wurde er diesmal von dem Ludwigsburger Magister Johann Friedrich Christmann, dem er in sentimentaler Erinnerung an »Laura« ein Geschenk und eine Silhouette für seine Hauptmannswitwe Louise Vischer nach Stuttgart mitgab.

Als Frau von La Roche ab November 1784 den Winter über bis zum März 1785 sogar Wohnung in Mannheim nahm, wurde Schiller, da das Interesse aneinander wohl gegenseitig war, ein gern gesehener Gast in ihrem Haus, in dem sie den Mittelpunkt eines literarischen Kreises bildete, zu dem Charlotte von Kalb, der Intendant des Nationaltheaters, Freiherr von Dalberg, der Verleger Schwan, der Schauspieler Beck, die Schriftsteller Johann Heinrich Jung-Stilling und Friedrich Matthisson und weitere illustre Persönlichkeiten gehörten. 1791 publizierte sie ihre Erlebnisse und Erfahrungen aus dieser Zeit in ihren *Briefen über Mannheim*, die mit geistreichen kritischen Anmerkungen zur Literatur und Kunst durchsetzt sind.

Nach ihrer Abreise nach Frankreich und Schillers überstürztem Rückzug von Mannheim zu den Körners nach Leipzig verblieb man in wechselseitiger freundlicher Erinnerung, die durch die spätere Bekanntschaft und Freundschaft mit dem Sohn der *femme de lettres*, mit Karl von La Roche, immer wieder kleine Auffrischungen erhielt.

# Margarethe Schwan
## verh. Treffz
### 1766–1796

Nicht nur im Kreise von Sophie von La Roche traf Schiller seinen Verleger Schwan, sondern er besuchte ihn auch oft in seinem gastfreundlichen Haus. Schwan war für ihn ein wichtiger Mann. Zwar hatte er die *Räuber* im März 1781 für seinen Verlag zurückgewiesen – sie schienen ihm unzumutbar für sein Publikum –, sie aber doch an Wolfgang Heribert Freiherrn von Dalberg, den Intendanten des Mannheimer Nationaltheaters, weitergegeben. Als Schiller zur Uraufführung der *Räuber* am 13. Januar 1782 nach Mannheim kommt, logiert er bei Schwan, der bereits im April die Mannheimer Theaterfassung in seiner Verlagsbuchhandlung präsentiert. Er übernimmt noch im selben Jahr den gerade entstehenden *Fiesco*, und auch *Kabale und Liebe* erscheint bei ihm.

Christian Friedrich Schwan (1733–1815), der sich selbst als Schauspieldichter hervortat, war aber für Schiller nicht nur als Verleger und Mittelsmann zum Mannheimer Theater von Bedeutung, sondern auch als Vater seiner Töchter, die Schiller bei seinen vielen Besuchen im Hause Schwan nicht ungern sah. Besonders Anna Margarethe Schwan, die älteste Tochter, fand sehr schnell seine Aufmerksamkeit, und der gemeinsame Besuch mit Vater und Tochter bei Sophie von La Roche im Oktober 1783 in Speyer hat die Herzensangelegenheit sicherlich befördert. Jedenfalls kursierten im März 1784 in Stuttgart Heiratsgerüchte.

Sie waren nicht völlig aus der Luft gegegriffen, denn Schiller und Margarethe waren zweifellos verliebt. Karoline von Wolzogen, Schillers Schwägerin, mutmaßte später über die Beziehung des frischgebackenen Theaterdichters und der Verlegerstochter: »Die Anziehungskraft, die das liebenswürdige, geistvolle Mädchen auf ihn ausgeübt, scheint von dauernder Art gewesen zu sein. Im neunzehnten Jahre besorgte sie das Hauswesen ihres Vaters, der eben seine Gattin verloren, als Schiller nach Mannheim kam. Margarethe Schwan war nach der Schilderung einer verständigen, dem Hause vertrauten Person ein sehr schönes Mädchen, mit großen ausdrucksvollen Augen und von sehr lebhaftem Geiste, welcher sie mehr zur Welt, Literatur und Kunst, als zur stillen Häuslichkeit hinzog.«

Margarethe ließ es sich deshalb auch gerne gefallen, dass der Dichter ihr die jeweils frischesten Szenen aus seinen entstehenden Stücken vorlas. Unerachtet weiterer Liebeleien im stürmischen Mannheimer Jahr 1784 schien, so berichtet Karoline von Wolzogen weiter, »im Herbst und Winter 1784 und 1785 […] das Herz sich einzumischen, und beide junge Leute mochten sich mit dem Gedanken an eine Verbindung für das Leben tragen«.

Bei der Abreise nach Leipzig erhielt Schiller von Margarethe als Abschiedsgeschenk eine gestickte Brieftasche und Vater Schwan bekam von Schiller am 24. April 1785 aus Leipzig umgehend einen Brief. Nach einem langen Anlauf kommt er zum Ziel: »Mein freier zwangloser Zutritt in Ihr Haus gab mir Gelegenheit Ihre liebenswürdige Tochter ganz kennen zu lernen, und die freimütige gütige Behandlung, deren Sie beide mich würdigten, verführte mein Herz zu dem kühnen Wunsch ihr Sohn sein zu dörfen.«

Die Antwort des Vaters ist nicht erhalten. Dass er Schiller an die Tochter selbst verwiesen habe, ist eine Annahme mit wenig Überzeugungskraft. Wahrscheinlicher ist, dass er Schillers Antrag abgelehnt hat. Ob er seine Tochter davon aber in Kenntnis gesetzt hat, ist nicht gesichert. Andere Nachrichten vermelden, dass die Heirat hintertrieben wurde und dass Gretchen Schwan sehr unglücklich darüber gewesen sei.

Der Kontakt zwischen den beiden Liebenden brach jedenfalls ab. Den beschuldigten Kompagnon Schwans namens Georg Christian Götz, der die Heirat verhindert haben soll, heiratete Margarethe jedenfalls nicht. Sie bekam den Advokaten Karl Friedrich Treffz zum Mann. Schiller hat sie 1793 in Heilbronn anlässlich seiner Schwabenreise doch noch einmal getroffen. Sie sei, so berichtet Karoline von Wolzogen, »wie Schiller selbst, bei dem Wiedersehen sehr bewegt gewesen«. Margarethe starb, so Karoline von Wolzogens Lebensbeschreibung, »im sechsunddreißigsten [!] Jahre an den Folgen einer Niederkunft«.

# Katharina Josepha Baumann
## verh. Ritter
### 1764–1850

In Mannheim bewegte sich Schiller vornehmlich unter Schauspielern und Künstlern. Einerseits war dieser gesellschaftliche Umgang berufsbedingt, andererseits gewann Schiller der Situation, die ihn in unvermeidliche finanzielle Schwierigkeiten brachte, einige erfreuliche private Seiten ab. Vor allem mit den Darstellerinnen seiner Rollen gab es private bis intime Gelegenheiten, und Schiller ließ sich immer wieder gerne in amouröse Verwicklungen ein. Der mütterlichen Freundin Henriette von Wolzogen gesteht er am 13. November 1783 freimütig, dass ihm »das schöne Geschlecht von Seiten des Umgangs gar nicht zuwider ist«. Zu diesem Zeitpunkt waren es mindestens drei Damen gleichzeitig, deren Umgang er suchte.

Neben der Beziehung zu Mademoiselle Margaretha Schwan begann Schiller im November 1783 eine still aufkeimende Leidenschaft zur Schauspielerin Karoline Ziegler zu kultivieren. Er musste aber schnell erkennen, dass es für einen intimeren Kontakt keinerlei Zukunft gab. Die Schauspielerin heiratete bereits im Januar 1784 den Schauspieler Heinrich Christian Beck, weil sie schwanger war. Dennoch spielte sie im April neben ihrem frisch angetrauten Ehemann, der den Ferdinand gab, die Luise in der Mannheimer Erstaufführung von *Kabale und Liebe*. Es sollte ihre letzte Rolle sein. Am 24. Juli starb sie nach der Geburt eines toten Kindes. Das Gedicht Schillers auf ihren Tod gilt als verloren.

Am 19. Januar 1784 fragt Schiller mit leicht gespielter Entrüstung den Freund Johann Rudolf Zumsteeg: »Aber wie in aller Welt kommst Du dazu, *mich* auf dem Weg zur Ehe zu glauben? *Mich?* –« Die Frage betraf die Gerüchte über eine heimliche Heirat Schillers, die in Stuttgart umliefen, und sie betrafen nicht nur die Buchhändlerstochter Margarethe Schwan, sondern auch die Schauspielerin Katharina Baumann. Sie war blutjung, gerade knappe zwanzig Jahre alt, als sie in der Mannheimer Erstaufführung des *Fiesco* am 11. Januar 1784 die Rolle der Berta übernahm. Berta, die Tochter des Republikaners Verrina, ist nach Schillers Charakterisierung ein »Unschuldiges Mädchen«, und Rollen dieser Art wurden denn auch ihre Spezialität. In den Mannheimer *Räubern* übernahm sie die Amalia, und nach dem Tod von Karoline Beck fiel ihr auch die Rolle der Luise Miller zu. Später spielte sie auch noch die Königin im Mannheimer *Dom Carlos*.

Es nimmt nicht wunder, dass dem Hausdramatiker Schiller gelegentlich Wirklichkeit und Rollen ineinanderflossen. Über die Rollen verfügte er souverän, über die Beziehungen zu den weiblichen Verkörperungen dieser Wunschbilder nicht gleichermaßen. Katharina reagierte Schiller gegenüber eher verhalten, und sie kokettierte durchaus mit dem Kollegen Iffland, den Schiller zunehmend nicht nur als Dramatiker, sondern auch in Angelegenheiten der Frauen als Rivalen erkennen musste. Diese Konstellation inspirierte auch das Kino: Im Jubiläumsjahr 2005 erschien ein rasanter Film von Martin Weinhart, der in freier Variation der historischen Gegebenheiten die Mannheimer Zeit fokussiert.

Obwohl das Jahr 1784 noch weitere »Thorheiten« kennt, so Schiller später über seine Liebschaften in Mannheim gegenüber den Schwestern Lengefeld – Madame Albrecht verdreht ihm den Kopf und Charlotte von Kalb stürzt ihn in Freigeisterei –, er weiß sie auf virtuose Weise alle gleichzeitig zu pflegen. Noch im Januar 1785, als er Katharina Baumann, die nun auch die Luise spielt, nach der dritten Mannheimer Aufführung von *Kabale und Liebe* nach Hause bringt, schenkt er ihr sein Miniaturbild, das der Freund aus frühester Zeit, Friedrich Scharffenstein, gemalt hatte. Schiller soll es ihr aus Begeisterung über ihre Rollengestaltung gegeben haben. In der Tat fand er verräterischerweise die Frauenzimmerrollen in dieser Aufführung ganz gut, aber die Aufführung und alle weiteren Rollen »unerhört vernachlässigt«.

Der junge Dichter floh bald darauf den Schauplatz seiner »Thorheiten« und seiner »miserablen Leidenschaft im Busen«. Katharina Baumann blieb vor Ort und heiratete 1787 den Cellisten Peter Ritter, der 1803 Hofkapellmeister in Mannheim wurde.

Sophia Johanna Dorothea Albrecht
geb. Baumer
1757–1840

Am 15. April 1784 fand die Mannheimer Erstaufführung von *Kabale und Liebe* statt. Anders als beim *Fiesco* im Januar konnte Schiller diesmal wieder einen großen Erfolg verbuchen. Am Ende des Stückes gab es stürmischen Beifall, für den Schiller von der Loge aus dankte.

Zwei Tage zuvor, am 13. April, ging am ersten Messetag die Uraufführung von *Kabale und Liebe* in Frankfurt am Main durch Großmann über die Bühne. Dort spielte Sophie Albrecht die Louise. Ende April fuhr Schiller nach Frankfurt, um am 3. Mai die dortige Einstudierung zu begutachten. Wieder zurück in Mannheim schrieb er am 5. Mai an seinen Freund Reinwald: »Eine fürtreffliche Frau habe ich zu Frankfurt kennen lernen – sie ist Ihre Freundin – die Madame Albrecht. Gleich in den ersten Stunden ketteten wir uns fest und innig aneinander; unsre Seelen verstanden sich. Ich freue mich und bin stolz, dass sie mich liebt, und dass meine Bekanntschaft sie vielleicht glücklich machen kann. Ein Herz, ganz zur Teilnahme geschaffen, über den Kleinigkeitsgeist der Gewöhnlichen Zirkel erhaben, voll edeln reinen Gefühls für Wahrheit und Tugend, und selbst da noch verehrungswert, wo man ihr Geschlecht sonst nicht findet. Ich verspreche mir göttliche Tage in ihrer nähern Gesellschaft. Auch ist sie eine gefühlvolle Dichterin.«

Schillers ›éducation sentimentale‹ verläuft stürmisch, besonders da bei den Damen fast immer ein Mann im Spiel war oder ist. So auch hier. Madame Albrecht hatte mit ihren 27 Jahren schon ein aufregendes Leben hinter sich. Die Tochter des Erfurter Medizinprofessors Baumer heiratete nach dem frühen Tod des Vaters mit fünfzehn Jahren seinen Schüler, den Arzt und Schriftsteller Johann Friedrich Ernst Albrecht. Mit ihm ging sie 1776 nach Reval, wo er eine Stelle als Leibarzt angenommen hatte. Nach mehreren Reisen durch Russland, nach Sankt Petersburg und Moskau, kehren sie 1780 nach Erfurt zurück, wo Sophie mit der Schauspielerei beginnt. Dann verbindet sie sich der Schauspielergesellschaft um Gustav Friedrich Wilhelm Großmann, über den sie nach Frankfurt kommt. Mit der Louise in der Uraufführungsinszenierung schreibt sie sich in die Theatergeschichte ein.

Schillers Begeisterung über Madame Albrecht in Frankfurt 1784 wird schon Tage später durch Charlotte von Kalbs Ankunft in Mannheim gedämpft. Dennoch bleibt Sophie eine Konstante in seinem Leben. Als er 1785 aus Mannheim und vor der Kalb nach Leipzig flieht, trifft er dort gleich am ersten Tag das Ehepaar Albrecht. Es entspinnt sich ein freundschaftlicher Verkehr mit den in Sachen Literatur und Theater Versierten. Und während Schiller seine Erfahrungen mit Charlotte von Kalb in den *Dom Karlos* einarbeitet, schickt sich Sophie Albrecht an, noch einmal Theatergeschichte mit Schiller zu schreiben. Bei der Leipziger Aufführung spielte sie die Eboli.

Ihre turbulenten Lebensverhältnisse führten sie später nach Hamburg, wo sie 1840 völlig verarmt starb. Unter ihren literarischen Arbeiten erinnert ein Gedicht in freien Rhythmen mit dem Titel *An Friedrich Schiller* an ihrer beider Verbindung.

# Charlotte Sophia Juliana von Kalb
## 1761–1843
## Mannheimer Zeit

Das Jahr als bestallter Theaterdichter war für Schiller eine Zeit reich an Erfahrungen in empfindsamen oder stürmischen Herzensangelegenheiten. Wirklich ernst aber wurde es mit Charlotte von Kalb. Der Lebensweg der Weimarer Titanide, einer unglücklich verheirateten Frau, ist in viele Dichterbiographien verflochten. Sie tritt auch in Schillers Leben, und just im richtigen Augenblick. Die Aufregungen im April 1784 in Frankfurt und in Mannheim um *Kabale und Liebe* sind kaum verflogen, als am Abend des 8. Mai Herr und Frau von Kalb in Mannheim auf der Durchreise in der Garnisonsstadt Landau eintreffen. Sie haben Briefe an Schiller von Reinwald und Frau von Wolzogen zu bestellen.

Am 9. Mai erfolgt die erste Begegnung mit Herrn und Frau von Kalb; Schillers Besuch bei dem Ehepaar dauert mehrere Stunden. Anschließend eilt er allein ins Theater, wo man gerade die zweite Aufführung von *Kabale und Liebe* gibt. Er bittet die Schauspieler, den Namen des Hofmeisters von Kalb zu vermeiden; dann macht er wieder Aufwartung bei den »von Kalbs«. Er vereinbart für den nächsten Tag eine Besichtigung der Mannheimer Antikensammlung; sie findet ihren literarischen Niederschlag später in dem Aufsatz *Der Antikensaal zu Mannheim*. Ein Gang in die Jesuitenkirche und ein gemeinsamer Ausflug nach Waldheim zur Villa von Friedrich Karl Freiherrn von Moser schließen sich an.

Am 11. Mai scheinen die Kalbs wieder abgereist
zu sein, und Schillers neue Seelenfreundschaft in den
Schranken der akzeptierten Gepflogenheiten von Adel
und Großbürgertum hindert ihn nicht, sich in Angelegenheiten des Herzens auch anderweitig umzusehen.
Am 6. Juni begegnet er erstmals seiner späteren Frau
Charlotte von Lengefeld, die mit ihrer Mutter und
ihrer Schwester Karoline sowie deren Verlobtem, Herrn
von Beulwitz, in Mannheim auf der Rückreise von der
Schweiz kurz Zwischenstation machen. Aber die Begegnung ist so knapp berechnet, dass sich kein Gespräch
mehr ergibt.

Trotz all dieser Turbulenzen in Sachen Liebe – am
7. Juni hält er aus heiterem Himmel in einem sentimen-
talischen Anfall brieflich bei deren Mutter um die
Hand von Charlotte von Wolzogen an – arbeitete
Schiller im Juni an *Dom Karlos* weiter. Er entschloss
sich, neben einer Prosafassung für die Bühne, zu einer
gleichzeitigen Versgestaltung des Dramas. Aber das
Stück brauchte Kontur und der Zufall kam unverhofft
zu Hilfe.

Die hochschwangere Frau von Kalb verlegte Ende
Juli / Anfang August ihren Wohnsitz von Landau nach
Mannheim, wo ihr Gatte sie mehrmals wöchentlich besuchte. Einerseits waren Gattinnen in der Garnison
nicht übermäßig erwünscht, andererseits war die Ge-
burtsvorsorge in einer Stadt wie Mannheim ungleich
besser. Schiller ist nicht nur sogleich ständiger Gast bei
den kleinen Gesellschaften der Frau von Kalb – später
stößt auch Sophie von La Roche dazu –, sondern er ist

auch nach der Geburt von Charlottes erstem Sohn Fritz am 8. September 1784 hilfreich zur Stelle, als es zu Komplikationen kommt.

Im Herbst war der I. Akt des *Dom Karlos* in Jamben umgeschrieben und Schiller las ihn auf ihren Wunsch hin der Seelenfreundin vor. Ihr ungünstiger Eindruck, verursacht durch Schillers schlechte Deklamation, änderte sich nach der ersten eigenen Lektüre. Mit Charlottes Empfehlungen an den Darmstädter Hof kam es am 26. Dezember 1784 zu einer Vorlesung des I. Aktes von *Dom Karlos* vor der Hofgesellschaft und dem dort weilenden Herzog Karl August von Weimar.

Trotz solcher Ehrungen ist der Hausfreund der Kalbs in Nöten. Sein Theatervertrag wurde zum 1. September nicht verlängert, und die Seelenfreundschaft mit der jungen Mutter gestaltet sich zunehmend schwierig. Ziemlich schnell mischt sich Leidenschaft in die Beziehung, die ähnlich wie im Drama, in dem die Königin Elisabeth mit den unverkennbaren Zügen von Charlotte von Kalb den Infanten liebt, zwar nicht gegen die Schicklichkeit verstößt, aber gleichwohl die Herzen lodern lässt. Im Falle des in dieser Zeit entstandenen Gedichts *Freigeisterei der Leidenschaft* drängen sich solche Gedanken zweifellos auf, wobei sich viele Lebensbeschreiber schnell in Bereiche der Spekulation vorwagen, in denen die Phantasien und Wünsche der Herzen als von der Wirklichkeit bestätigt unterstellt werden.

### Freigeisterei der Leidenschaft
Als Laura vermählt war im Jahr 1782

Nein – länger, länger werd ich diesen Kampf
                         nicht kämpfen,
Den Riesenkampf der Pflicht.
Kannst du des Herzens Flammentrieb nicht
                                dämpfen,
So fodre, Tugend, dieses Opfer nicht.

Geschworen hab ichs, ja, ich habs geschworen,
Mich selbst zu bändigen.
Hier ist dein Kranz. Er sei auf ewig mir verloren,
Nimm ihn zurück, und laß mich sündigen.

Sieh, Göttin, mich zu deines Thrones Stufen,
Wo ich noch jüngst, ein frecher Beter, lag,
Mein übereilter Eid sei widerrufen,
Vernichtet sei der schreckliche Vertrag,

Den du im süßen Taumel einer warmen Stunde
Vom Träumenden erzwangst,
Mit meinem heißen Blut in unerlaubtem Bunde,
Betrügerisch aus meinem Busen rangst.

Wo sind die Feuer, die elektrisch mich
                              durchwallten,
Und wo der starke, kühne Talisman?

In jenem Wahnwitz will ich meinen Schwur dir
                                              halten,
Worin ich unbesonnen ihn getan.

Zerrissen sei, was du und ich bedungen haben,
Sie liebt mich – deine Krone sei verscherzt.
Glückselig, wer, in Wonnetrunkenheit begraben,
So leicht wie ich den tiefen Fall verschmerzt.

Sie sieht den Wurm an meiner Jugend Blume nagen
Und meinen Lenz entflohn,
Bewundert still mein heldenmütiges Entsagen,
Und großmutsvoll beschließt sie meinen Lohn.

Mißtraue, schöne Seele, dieser Engelgüte!
Dein Mitleid waffnet zum Verbrecher mich,
Gibts in des Lebens unermeßlichem Gebiete,
Gibts einen andern schönern Lohn – als dich?

Als das Verbrechen, das ich ewig fliehen wollte?
Entsetzliches Geschick!
Der einzge Lohn, der meine Tugend krönen sollte,
Ist meiner Tugend letzter Augenblick.

Des wollustreichen Giftes voll – vergessen,
Vor wem ich zittern muß,
Wag ich es stumm, an meinen Busen sie zu
                                              pressen,
Auf ihren Lippen brennt mein erster Kuß.

Wie schnell auf sein allmächtig glühendes
                                   Berühren,
Wie schnell, o Laura, floß
Das dünne Siegel ab von übereilten Schwüren,
Sprang deiner Pflicht Tyrannenkette los,

Jetzt schlug sie laut, die heißerflehte Schäferstunde,
Jetzt dämmerte mein Glück –
Erhörung zitterte auf deinem brennenden Munde,
Erhörung schwamm in deinem feuchten Blick,

Mir schauerte vor dem so nahen Glücke,
Und ich errang es nicht.
Vor deiner Gottheit taumelte mein Mut zurücke,
Ich Rasender! und ich errang es nicht!

Woher dies Zittern, dies unnennbare Entsetzen,
Wenn mich dein liebevoller Arm umschlang? –
Weil dich ein Eid, den auch schon Wallungen
                                   verletzen,
In fremde Fesseln zwang?

Weil ein Gebrauch, den die Gesetze heilig prägen,
Des Zufalls schwere Missetat geweiht?
Nein – unerschrocken trotz ich einem Bund
                                   entgegen,
Den die errötende Natur bereut.

O zittre nicht – du hast als Sünderin geschworen,
Ein Meineid ist der Reue fromme Pflicht.

Das Herz war *mein*, das du vor dem Altar
                                        verloren,
Mit Menschenfreuden spielt der Himmel nicht.

Zum Kampf auf die Vernichtung sei er vorgeladen,
An den der feierliche Spruch dich band.
Die Vorsicht kann den überflüßgen Geist entraten,
Für den sie keine Seligkeit erfand.

Getrennt von dir – warum bin ich geworden?
Weil *du* bist, schuf mich Gott!
Er widerrufe, oder lerne Geister morden,
Und flüchte mich vor seines Wurmes Spott.

Sanftmütigster der fühlenden Dämonen,
Zum Wüterich verzerrt dich Menschenwahn?
Dich sollten meine Qualen nur belohnen,
Und diesen *Nero* beten Geister an?

*Dich* hätten sie als den Allguten mir gepriesen,
Als Vater mir gemalt?
So wucherst du mit deinen Paradiesen?
Mit meinen Tränen machst du dich bezahlt?

Besticht man dich mit blutendem Entsagen?
Durch eine Hölle nur
Kannst du zu deinem Himmel eine Brücke
                                        schlagen?
Nur auf der Folter merkt dich die Natur?

O *diesem* Gott laßt unsre Tempel uns verschließen,
Kein Loblied feire ihn,
Und keine Freudenträne soll ihm weiter fließen,
Er hat auf immer seinen Lohn dahin!

Erdichtung des Herzens hin oder verdichtete Wirklichkeit her, Schiller verließ am 9. April 1785 frühmor-
gens zusammen mit dem Buchhändler Götz Mannheim
ziemlich fluchtartig in Richtung Leipzig. Der Boden der
Residenzstadt war in vielerlei Hinsicht für ihn zu heiß
geworden. Die ökonomische Not und die Wirrungen
des Herzens schienen beendet, weil sich von Leipzig her
die freundschaftlich helfenden Hände der Körners für
einen Neuanfang boten.

Auch wenn Charlotte von Kalb nur die Rolle einer
platonisch Liebenden gespielt haben sollte, sie blieb
emotional betroffen und nachweislich verzweifelt in
Mannheim zurück. So nüchtern, wie die spätere Schwägerin des Dichters, Karoline von Wolzogen, 1830 in ihrer
Schillerbiographie über die beiden spricht, wird deren
Beziehung wohl kaum gewesen sein: »Frau von Kalb«, so
schreibt sie, »war die erste geistvolle und vielseitig ausgebildete Frau, mit der er in näherem Verhältnis stand, und
er äußerte gegen uns, dass ihr Umgang während der Aus-
arbeitung des Don Carlos sehr belebend auf ihn gewirkt,
ja dass sie zu einigen Zügen im Charakter der Königin
Elisabeth die Veranlassung gegeben habe.«

In der Tat, sie brachte dem ungeschlachten Karlsschüler Manieren bei, führte ihn in höfische Kreise ein
und vermittelte ihm das Wissen um verfeinerte sinnlich-

erotische Möglichkeiten, die rätselhafte Spuren in diversen Werken, besonders im *Dom Karlos,* hinterließen. Ihren wechselseitigen Wünschen und Möglichkeiten aber setzte Schiller durch seine Flucht ein einseitiges Ende. Er fühlte sich dieser Frau als Ehemann vermutlich nicht gewachsen.

*Königin Elisabeth von Valois*
Dom Karlos
(1787)

Zunächst sah es ganz so aus, als wollte Schiller mit einiger Konsequenz das erfolgreiche Muster von *Kabale und Liebe* weiterspinnen. Das bürgerliche Trauerspiel verwandelte sich, nachdem er erstmals auf den Stoff des *Dom Karlos* im Mai 1782 von Dalberg aufmerksam gemacht wurde, moderat in ein »Familiengemälde in einem fürstlichen Hause«. Sprachlich war das Sujet erobert – eine fiebrige Prosadiktion, wie sie bisher unerhört war auf deutschen Bühnen –, der Form nach eigentlich auch. Schiller hatte die schlimmsten dramaturgischen Sturm-und-Drang-Exzesse *Der Räuber* gebändigt, besaß jedoch im Unterschied zu den beliebten bürgerlich-modischen Rührstücken genügend Eigenwilligkeit und eine weit schärfere Pointierung. Seine Handschrift war unverkennbar und extravagant, aber nicht massentauglich. Der im April oder Mai 1783 entstandene Bauerbacher Plan zu *Dom Karlos* wirkt wie eine auf den Punkt gebrachte Zusammenfassung seiner bisherigen dramaturgischen Praxis.

Zunächst reizte ihn wohl die tragische Konstellation der verstohlenen Liebe des jungen Infanten zur jungen Königin, seiner Stiefmutter, die natürlicherweise die Eifersucht des Königs, des Vaters und weit älteren Mannes, erregen musste. Hinzu kam eine Intrige der Prinzessin Eboli, die sich in die Liebesdinge ihrerseits mit Erfolg einzumischen wünscht. Und für Intrigen hatte Schiller, wie er in der Geschichte um Luise und Ferdi-

nands Liebe unter Beweis stellte, ein gutes Händchen.
Vor allem Bühnenbriefe waren sein Spezialmittel. Wie
in den *Räubern* und in *Kabale und Liebe*, so auch hier.
Unter der fürsorglichen Betreuung durch den Bibliothekar Reinwald – der oft getadelte Mann und spätere
Schwager hat sich um Schiller durchaus auch verdient
gemacht – wuchs gleichzeitig das Freundschaftsthema,
und die an Shakespeares *Hamlet* orientierte Familien-
konstellation bekam nach und nach auch eine politische
Sprengkraft, die ursprünglich nicht unmittelbar im Plan
lag. Sie war dem Dichter der *Räuber* und der Hofkaba-
len um Luise Miller aber nicht grundsätzlich unwill-
kommen, denn durch Sozialisation und Erziehungsdrill
seines despotischen Herzogs und Mentors war ihm
kritische Distanz zur Macht ein natürliches Mittel der
Selbstbehauptung geworden. Die Ankündigung der
*Rheinischen Thalia* vom 11. November 1784, in der
Schiller den 1. Akt des *Dom Karlos* vorstellte, spricht
eine klare Sprache. Seine Vorstellung sei, nachdem er
um einen hohen Preis alle Fürstenfesseln aufgelöst habe,
»an keinen anderen Thron mehr zu appellieren, als an
die menschliche Seele«.
  Das Personal, insbesondere die Damen, saßen im
Boot, Sturm-und-Drang-Prosa war eine ausgemachte
Sache – der Gedanke an eine mögliche Versifizierung
der Geschichte lag jenseits aller Realitäten –, und das
Projekt schien sich gegenüber anderen Plänen verfes-
tigt zu haben. Erst weit übers Jahr, im Juni 1784, gab
es wieder Zeit für eine Weiterarbeit an *Dom Karlos*,
und plötzlich stand auch die Idee zur Versgestaltung im

Raum. Dafür gab es außer bei Shakespeare und bei einigen mäßigen Übersetzungen ins Deutsche nur ein einziges gelungenes orginäres deutsches Vorbild: Lessings 1779 erschienenen *Nathan*. Woher der Entschluss zur Versifizierung kam – ein Entschluss, dessen Tragweite bis heute in seiner immensen Bedeutung völlig ignoriert wird –, ist schwer zu sagen, aber er fällt wohl nicht zufällig zusammen mit dem Auftreten der Frau von Kalb im Mai 1784 in Mannheim und interessant sind die Spuren, die dieser Auftritt in der Figur der Königin Elisabeth hinterlässt. Plötzlich erhielt, mit erwachender Leidenschaft, die Konstellation des Dramenplots Leben; sie erhielt so viel Leben, dass Schiller die neuen Szenen im Juli unbedingt selbst der schwangeren Charlotte von Kalb vorlesen musste, als diese wieder in Mannheim war. Der Freund Streicher berichtet auf rührende Weise von diesen »Vorlesungen«, bei denen Schiller wohl in seinem deklamatorisch-dilettantischen Enthusiasmus bei der zu tiefer Bewunderung disponierten Frau mit seinen neuen prachtvollen Versen fast nur Schaden angerichtet hatte. Schiller stolperte wohl so ungestüm über seine eigenen ungewohnten Versuche im neuen Dramenmaß, im Blankvers, und provozierte Charlottes aufrichtige Meinung: »Lieber Schiller! Das ist das Allerschlechteste, was Sie noch gemacht haben.« Dabei waren es auf dem Papier sehr perfekte Verse, und sie hatten nichts Vergleichbares in der deutschen Literatur.

Schiller war beleidigt und ging, ließ aber Gott sei Dank, in seiner Verärgerung, das Manuskript liegen. Der glühende Enthusiasmus auf dem Papier war für

Charlottes Eindruck überzeugender als die schauspielerische Unzulänglichkeit des durchaus Angehimmelten, und die Revision ihrer Meinung erfolgte umgehend. Nach langen Mühen und Durststrecken lag mit der 1787 erschienen Erstausgabe des *Dom Karlos* ein Stück in deutscher Sprache vor, das nach Lessings *Nathan* und zeitgleich mit Goethes versifizierter Prosa-*Iphigenie* die künftige sprachliche Norm aufstellte, die für das klassische deutsche Drama lange Zeit Gültigkeit behalten sollte.

Wie groß das Verdienst von Charlotte an der Versnorm des *Dom Karlos* ist – der gemeinsame Besuch im Antikensaal hinterlässt Spuren, und das erwachende Interesse an französischer klassischer Bühnendiktion in einer Mischung mit Shakespeare kommt gleichzeitig ins Bewusstsein –, bedürfte einer Untersuchung. Wie sehr sich die Spuren des leidenschaftlichen Verhältnisses von Charlotte von Kalb und Schiller in das Drama eingebrannt haben, ist jedoch einigermaßen bekannt. Mag der Bezug des Gedichts *Freigeisterei der Leidenschaft* den vorsichtigen Interpreten fragwürdig erscheinen, die Parallelen – nicht der Anlage, sondern der Ausführung nach – zwischen Charlotte von Kalb und Elisabeth sind offensichtlich. Hier (I,5) befragt einer unverkennbar im Gewande der Verse eine prosaische Situation, das Verhältnis zweier Zwangsverheirateter aus Gründen der Räson; und er will es nicht glauben, dass es so etwas gibt.

KARLOS.
  Sie haben nie geliebt?
KÖNIGINN.

                              Seltsame Frage!

KARLOS.
  Sie haben nie geliebt?
KÖNIGINN.

                          – Ich liebe nicht mehr.

KARLOS.
  Weil es Ihr Herz? Weil es Ihr Eid verbietet?
KÖNIGINN.
  Verlassen Sie mich, Prinz, und kommen Sie
  zu keiner solchen Unterredung wieder.
KARLOS.
  Weil es Ihr Eid? Weil es Ihr Herz verbietet?
KÖNIGINN.
  Weil meine Pflicht – – – Unglücklicher, wozu
  die traurige Zergliederung des Schicksals,
  dem Sie und ich gehorchen müssen?
KARLOS.

                              Müssen?

  Gehorchen müssen?
KÖNIGINN.

                          Wie? Was wollen Sie
  mit diesem feierlichen Ton?
KARLOS.

                              So viel,
  daß Karlos nicht gesonnen ist, zu müssen,
  wo er zu wollen hat? Daß Karlos nicht
  gesonnen ist, der Unglückseligste

in diesem Reich zu bleiben, wenn es ihm
nichts als den Umsturz der Gesetze kostet,
der Glücklichste zu sein.
KÖNIGINN.
                        Versteh’ ich Sie?
Sie hoffen noch? Sie wagen es, zu hoffen,
wo alles, alles schon verloren ist?
KARLOS.
Ich gebe nichts verloren als die Todten.

Zwischen Bühne und Wirklichkeit klafft wie immer eine
große Kluft. Was Schiller in Karlos zu tun behauptet,
davon nimmt er im Leben Abstand. Er wagt es nicht. Wer
es wagt, das ist die Königin, sprich, Charlotte ist muti-
ger; sie will sich scheiden lassen, aber Schiller bekommt
es mit der Angst zu tun. Später wird Charlotte von dem,
was auf der Bühne prächtig klingt und wohl ein guter
Spiegel der damaligen Verhältnisse bleibt, sehr nüchtern
berichten. Sie mag, so schreibt sie trocken und lapidar,
dadurch dass sie sich mit Schiller öfter über die weiblichen Charaktere in seinen früheren Stücken unterhalten
habe, »einigen Einfluß auf die Charakterzeichnung der
Frauen im Don Karlos gehabt« haben. Das Drama beschreibt den Einfluss entschieden feuriger.

# Johanna Dorothea Stock
## genannt Dora
### 1760–1832

Neun lange Tage dauerte die Fahrt von Mannheim nach Leipzig. »Zerstört und zerschlagen von einer Reise«, schreibt Schiller am Abend des 17. April 1785 nach seiner Ankunft in der Messestadt, »die mir ohne Beispiel ist (denn der Weg zu Euch, meine Lieben, ist schlecht und erbärmlich, wie man von dem erzählt, der zum Himmel führt), bin ich, trotz meines innigsten Wunsches, nicht fähig, jetzt schon bei Ihnen zu sein.«

Wer waren diese »Lieben«, die Schiller der Himmel auf Erden schienen und die er noch nie gesehen hatte, außer auf vier kleinen Porträts, die er schon Anfang Juni 1784 zugeschickt bekam. Sie waren in einer kostbar gestickten Brieftasche verpackt und enthielten eine kleine anonyme Dankadresse. Sosehr sich Schiller zunächst freute, er ließ sich sieben Monate Zeit für eine Antwort, die ziemlich zerknirscht ausfiel. Die Hingehaltenen verziehen großzügig, und Dora Stock – so hieß die eine Dame des Doppelpärchens, die auch die Porträts gezeichnet hatte – schrieb freudig erregt zurück: »Welche Freude haben Sie uns mit Ihrem lieben herrlichen Brief gemacht; nichts kann sie übertreffen als die, Sie selber zu sehen und zu sprechen: Machen Sie unsere Hoffnungen wahr, lassen Sie sie nicht gleich einem schönen Traum verschwinden, der beim Erwachen nichts als eine vergebene Sehnsucht zurückläßt.«

Nun also war Schiller da, und kaum dass er sich's versah, wurde er vom Verlobten der 25-jährigen Dora, von Ludwig Ferdinand Huber begrüßt. Huber besorgte Schiller ein Studentenzimmer in der Hainstraße im Stadtteil Joachimsthal. Dort gab es eine erste freudige Überraschung: In dem Hause wohnte Sophie Albrecht. Seine Frankfurter Liebelei stand mittlerweile im Ensemble von Pasquale Bondini unter Vertrag, mit dem sie in Leipzig, Dresden und Prag auftrat.

Der angehende Schriftsteller, Übersetzer und noch Jurastudent Huber war 21 Jahre alt und gehörte mit seiner Verlobten Dora Stock zum Kreis um den Juristen Christian Gottfried Körner. Der wiederum war nicht nur sehr literarisch interessiert, sondern seinerseits mit der 23-jährigen Schwester von Dora Stock, mit Minna Stock, verlobt. Die Schwestern waren die Töchter des Leipziger Kupferstechers Johann Michael Stock, der wiederum Goethes Zeichenlehrer war. Das Quartett, das von Dora Stock porträtiert worden war, hatte sich der Philosophie, der Literatur, Kunst und Musik verschworen. Aus der gemeinsamen Begeisterung für Schillers Dramen entwickelte sich die Idee, den Dichter nach Leipzig zu holen.

Für das mittellose Genie in Mannheim kam die Werbung des Quartetts wie Hilfe in letzter Not. Schiller warf sich den Werbenden unter den Vorzeichen einer großzügig interpretierten Freundschaft begeistert in die Arme. Er sollte nicht betrogen werden. Körner und seine Frau Minna – es wurde noch im August des Jahres 1785 Hochzeit gehalten – und die Schwägerin Dora blieben lebenslang in Freundschaft mit Schiller verbunden.

Anna Maria Jakobina Stock
genannt Minna
verh. Körner
1762–1843

Am Montag, dem 18. April 1785, sahen die Schwestern Minna und Dora Stock Schiller zum ersten Mal persönlich. Körner war beruflich in Dresden unterwegs. Die anmutige, fröhliche Minna empfand Schiller als sehr zurückhaltend. Sie war überrascht, anstatt eines Kerls wie Karl Moor einen schüchternen jungen Mann anzutreffen, »der kaum wagte uns anzureden. Doch schon bei diesem ersten Besuch legte sich die Befangenheit, und er konnte uns nicht genug wiederholen, wie dankbar er es anerkenne, daß wir ihn zum glücklichsten Menschen unter der Sonne gemacht hätten.«

Schiller hatte allen Grund zur Dankbarkeit. Die neuen Freundinnen und Freunde führten ihn schnell in Leipzig ein, und Schiller lernte jede Menge wichtiger Leute kennen. Körner, der Einzige, der aus einer Erbschaft über Vermögen verfügte, hatte schon vorab heimlich über den Verleger Georg Joachim Göschen in Form eines Vorschusses für Schillers finanzielle Ausstattung gesorgt, sodass sich – jedenfalls für die nächsten zwei Jahre – des Dichters Verhältnisse relativ sorgenfrei gestalteten.

Den langjährigen Verlobten von Minna traf er erst am 1. Juli 1785 auf dem Rittergut Kahnsdorf im Haus des Gelehrten August Wilhelm Ernesti. Man fuhr Körner in Richtung Dresden entgegen. Auch in diesem Falle hielt die persönliche Begegnung den euphorischen Freundschaftsbekundungen der Briefe stand. In einem langen Brief vom 3. Juli an Körner schildert Schiller ihre Begegnung in vielen Einzelheiten, und in einer feierlicher Hochgestimmtheit stellt er fest: »Ohne mich selbst sollst du eben so wenig Deine Glückseligkeit vollendet sehen können, als ich die meinige ohne Dich.«

Endlich, nach langer Verlobungszeit – die Eltern Körners hatten sich ob der Mittellosigkeit der Braut lebenslang einer Verbindung widersetzt –, wird fünf Wochen nach diesem Treffen, am 7. August, Hochzeit gefeiert. Schiller nimmt an der Feier teil und er bringt als Geschenk das mit, was man von einem Dichter erwartet: ein Hochzeitsgedicht. Es feiert den Bund des edlen neuen Freundes mit seiner Gattin in hohen, wenn auch konventionellen Tönen und Rollenbildern. Die frisch getrauten Eheleute haben ihre Rollen treulich erfüllt. Minna wurde eine liebevolle Gattin und treusorgende Mutter und blieb Schiller zusammen mit ihrem Manne nicht nur in der Dresdener Zeit, sondern bis zur Trennung durch den Tod eine innige Freundin.

Dahin, nach Dresden, zog Schiller dem neuvermählten Paar nach. Ohne die Freunde wurde es ihm in Leipzig schnell einsam und leer. In der Nacht vom 11. zum 12. September kommt er in Dresden an und bezieht das Weinberghaus Körners in Loschwitz an der Elbe. Ab 20. Oktober nimmt er zusammen mit Huber eine Wohnung in der Stadt, beim Kohlmarkt unweit von Körners Domizil. Zunächst geht es ihm, in seinem Umgang fast gänzlich auf Huber, Körner, Minna und Dora beschränkt, noch richtig gut und die Arbeit am *Dom Karlos* kommt voran. Ab Mai 1786 aber schlägt Schillers Stimmung um. Er erkennt eine jämmerliche Abhängig-

keit und Einseitigkeit zu Lasten der Körners und leidet
unter seiner beruflichen Unentschlossenheit und seiner
mangelnden Eigenverantwortlichkeit. Das schleppt sich
übers Jahr dahin.

Als er sich im Februar 1787 in ein amouröses Aben-
teuer mit der 19-jährigen Marie Henriette Elisabeth von
Arnim stürzte, spitzte sich die Krise zu. Der Abschied
von den Körners in eine persönlich verantwortete Un-
abhängigkeit war unausweichlich. Die Entfernung aus
Dresden erfolgte in beiseitigem Einvernehmen, und
am 20. Juli verließ Schiller die Stadt. Am Samstag, den
21. Juli, traf er abends in Weimar ein.

Nach Dresden und zu den Körners kam er gelegentlich zurück. Erstmals traf er die alten Freunde wieder als
Frischverlobter am 7. August 1789 in Leipzig, zusammen mit den Schwestern Lengefeld, aber die Begegnung
brachte nicht die rasche allseitige Freundschaft. Man
war nicht bereit, den Dichter so problemlos in eine eigene familiäre Bindung zu entlassen. Dennoch hielt die
Freundschaft mit den Körners lebenslang und später
verstand man sich auch familienübergreifend prächtig.

Mit Huber gab es einen Bruch, als dieser 1792 die Verlobung mit Dora Stock löste. Sie wird seine Heirat mit
der geschiedenen Therese Forster mit einiger Bitterkeit
zur Kenntnis genommen haben. Eine neue Bindung ist
sie jedenfalls nicht mehr eingegangen. Sie hat sich anders und vermutlich weniger glücklich als die Schwester
Minna, in deren Haushalt sie lebenslang wohnte, ganz
auf ihre Pastellmalerei beschränkt, die sie bei Anton
Graff und Adam Friedrich Oeser gelernt hatte.

*Prinzessin von Eboli*
Dom Karlos
1787

Die Worte, mit der Königin Elisabeth in *Dom Karlos*
(I,3) die Werbung um die Hand der Prinzessin Eboli
kommentiert, sind in ihrem Kontext bemerkenswert:

> KÖNIGINN.                »Der Mann, den ich
>     mit meiner Eboli belohne, muß
>     ein würd'ger Mann sein.

Die Bestätigung, dass er würdig ist, ist leicht gegeben.
Wer in der Huld des Königs steht, muss sich nicht verstecken. Entscheidender aber ist, was die Königin aus
eigener leidvoller Erfahrung nachschiebt:

> KÖNIGINN.                        – Doch
>     wir wollen wissen, ob er lieben kann,
>     und Liebe kann verdienen. – Eboli,
>     das frag' ich Sie.

Das macht die Prinzessin vor der Königin und der
Brautwerberin verlegen. Sie steht stumm und verwirrt,
sagt die Regieanweisung, und fällt dann der Königin zu
Füßen.

> EBOLI.            Großmüth'ge Königinn,
>     erbarmen Sie Sich meiner. Lassen Sie –
>     um Gottes willen, lassen Sie mich nicht –
>     nicht aufgeopfert werden.

KÖNIGINN.                    Aufgeopfert?
Ich brauche nichts mehr. Stehn Sie auf. Es ist
ein hartes Schicksal, aufgeopfert werden.
Ich glaube Ihnen. Stehn Sie auf. –

Die Königin weiß sich augenblicklich im Bunde mit einer Frau, der gleiches Schicksal droht, wie ihr mit dem
König beschieden ist. Und wieder hört man Schillers
eigene Verwunderung hinter der Rede seiner Figuren,
der nicht glauben kann, dass eine Charlotte von Kalb
eine ohne Neigung verheiratete Frau war. Hier rebel-
liert der Parvenü in ihm, aber das Muster standesgemäß
korrekter, in Herzensangelegenheiten missglückter Beziehungen ist mit Abschaffung der Stände nicht aus der
Welt geschafft worden. Der Königin Schicksal, der Prinzessin Aussichten sind durchaus noch immer aktuell,
auch wenn der Umstand, von dem die Königin nicht
weiß – dass Sie und die Eboli denselben Mann heimlich
lieben –, ein ausgepichter Theatercoup Schillers ist.
Präpariert durch Charlotte von Kalbs Schule gelingt
es Schiller im *Dom Karlos* wundervolle Frauencharak-
tere zu entwerfen, zuallererst mit großer Grazie die
Königin, eine Tochter des heiteren Frankreich, nach
deutlich deutschem Muster in humanen Verhältnissen
erzogen, aufgeklärt und gebildet in den Künsten wie
im Fühlen. Dann entwirft er in seltener Meisterschaft
das Bild eines glücklichen und munteren Naturells des
Südens, den er nie kennenlernen wird, in der Anmut
der Prinzessin Eboli. Ihrer beider Schicksal verdüstert
sich unter der bedrückenden Gravität des Madrider

Hofes. Der Eingangssatz ist Programm: »Die schönen Tage in Aranjuez / sind nun zu Ende.« Er formuliert einen Zwiespalt, der die historischen Fakten und Probleme des 16. Jahrhunderts in solche des aufgeklärten 18. Jahrhunderts verwandelt und zugleich verschärft. Neben vielen Problemen, die da theatralisch abgehandelt werden, ist es nicht zuletzt auch das Los der Frauen: »Der Frauen Zustand ist beklagenswerth«, heißt es in Goethes im selben Jahr 1787 erschienenen *Iphigenie*, da der lähmende gesellschaftliche Bann und der Aufruhr der Gefühle in den leidenschaftlichen Konstellationen des *Dom Karlos* erstmals große, gültige und prächtige Sprache wird, Verssprache ganz neuer Prägung. Liebe, Leidenschaften und politisches Manifest vereinigen sich hier am Vorabend der Zeitenwende von 1789. Insofern ist *Dom Karlos* die Fortführung der *Freigeisterei der Leidenschaften* in anderem Gewand. Beide sind ein Plädoyer für die Freiheit der Herzen um den Preis des Aufruhrs gegen Gott und König. Den liebt die Königin nicht; aber die Königin liebt neben Karlos auch den Marquis Posa, der wiederum Karlos; ihn liebt die Eboli, und Karlos die Königin. Nur den König, die Macht, liebt niemand mehr. In dem unglückseligen Tête-à-Tête zwischen Karlos und der Prinzessin Eboli (II,8) dämmern die Abgründe dieser Leidenschaften auf, die die mit Charlotte von Kalb überhöhen und die jene Leidenschaften präludieren, die sich mit Marie Henriette Elisabeth von Arnim anbahnen werden. Hamlet ist die Seele von Karlos und dieser Schillers Schatten. Die Prinzessin spricht von Liebe, von ihrer Liebe. Karlos denkt an sei-

ne Liebe, und selten wird heißer und schöner von ihr
gesprochen als in dieser Szene. Selten wird aber auch so
virtuos aneinander vorbeigeredet wie in Schillers neuer
Verskunst, die dank seiner Frauen *stante pede* auf der
Höhe der Meisterschaft ist:

KARLOS.
    (Beim wunderbaren Gott! – Das Weib ist schön!)
PRINZESSINN.
    Man nenn' es Grille – Eitelkeit. Gleich viel.
    Ich *theile* meine Freuden nicht. Dem Mann,
    dem Einzigen, den ich mir auserlesen,
    geb' ich für alles, alles hin. Ich schenke
    nur Einmal, aber ewig. Einen nur
    wird meine Liebe glücklich machen – Einen –
    Doch diesen Einzigen zum Gott. Der Seelen
    entzückender Zusammenklang – ein Kuß –
    der Schäferstunde schwelgerische Freuden –
    der Schönheit hohe, himmlische Magie
    sind Eines Strahles schwesterliche Farben,
    sind Einer Blume Blätter nur. Ich sollte,
    ich Rasende! ein abgerißnes Blatt
    aus dieser Blume schönem Kelch verschenken?
    ich selbst des Weibes hohe Majestät,
    der Gottheit großes Meisterstück, verstümmeln,
    den Abend eines Prassers zu versüßen?
KARLOS.
    (Unglaublich! Wie? Ein *solches* Mädchen hatte
    Madrid, und ich – und ich erfahr' es heute
    zum erstenmal?)

PRINZESSINN.

                  Längst hätt' ich diesen Hof
verlassen, diese Welt verlassen, hätte
in heil'gen Mauern mich begraben; doch
ein einzig Band ist noch zurück, ein Band,
das mich an diese Welt allmächtig bindet. –
Ach, ein Phantom vielleicht! Doch mir so werth!
Ich liebe und bin – – nicht geliebt.

KARLOS *voll Feuer auf sie zu gehend.*

                        Sie sind's!
So wahr ein Gott im Himmel wohnt. Ich schwör'

                            es.

Sie sind's, und unaussprechlich.

PRINZESSINN.

                    Sie? Sie schwören's?
O das war meines Engels Stimme! Ja,
wenn freilich Sie es schwören, Karl, dann glaub'

                          ich's,
dann bin ich's. (II,8)

Die Szene endet in einer Katastrophe, nämlich in rück-
sichtsloser Rache: Die Eboli weckt beim König den
Verdacht auf des Sohnes blutschänderische Umarmun-
gen. Mit dem Ausgang des Dramas endet das Szenario
im symbolischen Zusammenbruch der für das 18. Jahrhundert nach wie vor entscheidenden Sozialordnung:
Es ist die Ordnung der Familie im Abbild des Fürsten-
hauses und im Abbild einer durch Freigeisterei aus dem
Gleichgewicht geratenen Liebeskonzeption.

# Marie Henriette Elisabeth von Arnim
## 1768–1847

In der Lebensbeschreibung, die Schillers Schwägerin Karoline von Wolzogen 1830 über den Dichter veröffentlicht hat, stellt sich die Herzensangelegenheit, in die er sich im Februar 1787 in Dresden kopfüber stürzte, so dar: »Außer dem engen und so reichen Freundeskreise zogen Schiller noch mancherlei andere Verbindungen an. Der Theaterwelt konnte er sich nicht entfremden; zu sehr schloss sie sich an seine Dichtungssphäre. Einer der damaligen vorzüglichen Schauspielerinnen, Sophie Albrecht, gedachte er immer als einer geistreichen und liebenswürdigen Gesellschafterin. Er besuchte sie häufiger, da sie auch die Vertraute einer Leidenschaft war, die ihm eine ausgezeichnete Schönheit einflößte. Auf einer Redoute hatte er das schöne Fräulein zuerst gesehen, sich ihr genähert und war gefällig von ihr aufgenommen worden.«

Die »ausgezeichnete Schönheit« hieß Marie Henriette Elisabeth von Arnim und war die Tochter der Witwe eines sächsischen Offiziers, später verehelichte von Kunheim. Sie war 19 Jahre alt, und nach Aussage von Dr. Albrecht, dem Mann der Schauspielerin Sophie Albrecht, »wohl die schönste, damals in Dresden existierende Schönheit«. – »Schillers Augen brannten, wenn er sie sahe, und man sahe ihn in dieser Zeit oft in einer Begeisterung, die man vorher nicht an ihm bemerkte.« Auch andere bemerkten diese Begeisterung, die Schiller nicht für sich behielt, zum Beispiel die Körners, die die Redoute früher als Schiller und Huber verlassen hatten und die nun feststellen mussten: »Von jetzt an fehlte Schiller jeden Abend an unserem Teetische; ich dachte mir es gleich, wo er seine Abende zubringe, und sagte es ihm auf den Kopf zu. Er machte kein Geheimnis daraus, gestand mir sogar zu, daß er sich in allem Ernste um die Hand der zweiten Tochter, der schönen Henriette, bewerbe.«

Mit Heiratsanträgen war Schiller, wie schon mehrfach erfahren, schnell zur Hand, und die Mutter, die verwitwete Kammerfrau von Arnim, hatte von ihren zehn Kindern noch drei Töchter und einen Sohn zu versorgen. Sie tat vermutlich, um ihre Töchter an den Mann zu bringen, des Guten zu viel, was ihr den Ruf der Leichtfertigkeit, ja der Kuppelei eintrug. Aus der distanzierten Position der Lebensbeschreiberin liest sich das so: »Der Mutter schien die Eroberung eines schon damals als ausgezeichnet anerkannten Dichters zu schmeicheln und die Gewalt der Reize ihrer Tochter zu verbürgen. Der unerfahrene, leidenschaftliche Jüngling wurde von diesem Zaubernetz umstrickt, das jedoch nur Eitelkeit gewoben hatte. Wenn das gute Kind auch selbst herzlicher Zuneigung fähig war, so musste sich ihr Gefühl doch immer nur der auf Effekt und Glück berechneten mütterlichen Ansicht unterwerfen. An Wahrheit und dauerndes Herzensglück war unter diesen Umständen nicht zu glauben, und Schillers Freunde boten alle Macht klarer Einsicht und herzlicher Sorge auf, ihn diesen Fesseln zu entziehen.«

Minna Körner insbesondere schickte sich in einem Anfall von Besorgtheit und moralisierender Bevormundung an, Schiller aus den Fängen der Kupplerin und den Zauberblicken der Liebe zu befreien: »Da mir die Leichtfertigkeit der Mutter und ihrer Tochter nicht unbekannt war, ließ ich es an Warnungen nicht fehlen; es war vergeblich. Unser Freund war ganz toll und blind verliebt, und selbst nachdem ich ihm die Überzeugung verschafft hatte, daß er nicht der Alleinbegünstigte in jener Familie sei, ließ er sich nicht abwendig machen.«

Schiller war in einem Zustand, der das Erscheinen des *Dom Karlos* im Juni 1787 bei Göschen ernsthaft in Gefahr brachte. Die Körners versuchten den Kampf zwischen Vernunft und Leidenschaft dahingehend zu steuern, dass sie Schiller zum Arbeiten in ein kleines Dorf bei Dresden, nach Tharandt, schickten. Das machte die Sache aber nicht besser. Minna gab ihm die berüchtigten *Liaisons dangereuses* von Choderlos de Laclos zur Lektüre mit; das Buch sollte ihm eine anspielungsreiche Warnung sein, sollte ihm seine »Liaison amoureuse« als »Liaison dangereuse« ausreden. Schiller fand die offene Unmoral des Ganzen aber vorzüglich, und nachdem Mutter und Tochter Arnim am 24. April zu Besuch in Tharandt waren, schienen alle Bemühungen der Freunde gescheitert. Sie liebten sich, er sie und sie ihn.

Von den zwei überlieferten Briefen seiner »Armida« erhielt Schiller am 28. April den ersten. Es ist ein Liebesbrief, und er löste unbeabsichtigt alle Probleme und befreite sie in die Literatur. Zunächst gestand Henriette Schiller ihre Liebe: »Der Gedanke an Sie ist jetzt der einzige der mir wichtig ist.« Dann aber macht sie einen unverzeihlichen Fehler. Sie gesteht, dass sie schon früher eine erste Liebe hatte, dass sie darüber in aller Offenherzigkeit mit ihm zu sprechen bereit sei, weil er der einzige Mensch sei, zu dem sie einen so hohen Grad an Vertrauen habe, diese Geschichte umständlich zu erzählen.

Für Schiller bestätigt die in Henriettens Brief ange-deutete Affäre die Lesart der Körners, deren Vorurteile gegenüber dem Haus der Arnims er sich augenblicklich zu eigen macht. Er ist dabei aber ziemlich unredlich gegenüber Henriette, vor der er wohl seinerseits mit Charlotte von Kalb renommiert hatte. – Wie auch im-mer, der Fall war durch unbegründete Eifersucht ein für alle Mal gelöst. Schiller legt ihn durchaus selbstge-recht unter dem Stichwort Betrug ab und verarbeitet ihn zu Literatur. Im *Geisterseher* begegnet Henriette uns später als eine betrügerisch-schöne Griechin; in ihrem Stammbuch macht er ihr am 2. Mai 1787 einen auswei-chenden Vorschlag. Er dichtet ihr seine heiße Liebe zu einem Angebot ewiger Freundschaft um.

*An Elisabeth Henriette von Arnim*

Ein treffend Bild von diesem Leben,
Ein Maskenball, hat dich zur Freundin mir
gegeben.
Mein erster Anblick war – Betrug.
Doch unsern Bund, geschlossen unter Scherzen,
Bestätigte die Sympathie der Herzen,
Ein Blick war uns genug;
Und durch die Larve, die ich trug,
Las dieser Blick in meinem Herzen,
Das warm in meinem Busen schlug!

Der Anfang unsrer Freundschaft war nur –
                                    Schein!
Die Fortsetzung soll Wahrheit sein.

In dieses Lebens buntem Lottospiele
Sind es so oft nur Nieten, die wir ziehn.
Der Freundschaft stolzes Siegel tragen viele,
Die in der Prüfungsstunde treulos fliehn.
Oft sehen wir das Bild, das unsre Träume malen,
Aus Menschenaugen uns entgegenstrahlen:
»Der, rufen wir, der muß es sein!«
Wir haschen es – und es ist Stein.

Den edlen Trieb, der weichgeschaffne Seelen
Magnetisch aneinanderhängt –
Der uns, bei fremden Leiden uns zu quälen,
Bei fremdem Glück zu jauchzen zwingt –
Der uns des Lebens schwere Lasten tragen,
Des Todes Schrecken selbst besiegen lehrt,
Durch den wir uns der Gottheit näher wagen
Und leichter selbst das Paradies entbehrt –
Den edeln Trieb – du hast ihn ganz empfunden,
Der Freundschaft seltnes, schönes Los ist dein.
Den höchsten Schatz, der Tausenden
                                    verschwunden,
Hast du gesucht – hast du gefunden:
Die Freundin eines Freunds zu sein.

Auch mir bewahre diesen stolzen Namen;
Ein Platz in deinem Herzen bleibe mein.

Spät führte das Verhängnis uns zusammen,
Doch ewig soll das Bündnis sein.
Ich kann dir nichts als treue Freundschaft geben,
Mein Herz allein ist mein Verdienst.
Dich zu verdienen, will ich streben –
Dein Herz bleibt mir – wenn du das meine kennst!

Die Literatur ist durch die Körners – bei ohnehin dürftiger Lage – um ein Schiller'sches Liebesgedicht gebracht worden; Freundschaft als Liebesersatz wollte die schöne Henriette nicht. Das Verhältnis war mit diesem Angebot beendet. Daran konnte ihr zweiter Brief vom 5. Mai 1787 nichts mehr verändern. Er klingt ziemlich verzweifelt und ungeheuchelt und ist voller Bitterkeit. Wenn wir Karoline von Wolzogens Biographie glauben dürfen, dauerte es lange, bis sich das Mädchen von diesem plötzlichen Sinneswandel Schillers erholte. »Die Trennung«, schreibt sie, »kostete dem Mädchen viele Tränen; (...) und Schiller freute sich stets, daß sie in späterer Zeit glücklich wurde.«

Glücklich will in ihrem Falle sagen, dass sie zweimal heiratete und zweimal Witwe wurde. Ihre Schönheit erhielt sie sich bis ins Alter; als Witwensitz wählte sie sich erneut Dresden, wo sie Schiller begegnet war. Sie sei, wird überliefert, sehr gutherzig gewesen, und Schillers Bild hing lebenslang in ihrem Schlafzimmer.

*Die Griechin*
Der Geisterseher
(1787–1789)

Der Roman *Der Geisterseher*, den Schiller im Juni 1786 begann, ist ein Werk mit vielen Rätseln und Geheimnissen. *Die Geschichte des schwärmerischen Prinzen von* \*\* zeigt Anklänge an die Lebensumstände des skandalträchtigen zeitgenössischen Schwindlers, Geisterbeschwörers und Hochstaplers Alessandro Graf Cagliostro (1743–1795). Das größte Rätsel des intrigenreichen Werks dürfte allerdings sein, dass es unvollendet blieb und Schiller die Lösung der Kabale für sich behielt. Liebe spielt dabei natürlich ebenfalls eine Rolle, denn der Prinz von \*\* ist leidenschaftlich verliebt in eine schöne Katholikin, eine Griechin, die er zum ersten Mal in einer venezianischen Kirche trifft.

Jenem »frechen Beter« an den Stufen der Göttin aus dem Gedicht *Freigeisterei der Leidenschaft* gleich lauert der Prinz in der Kirche der Schönheit auf, und anders als sonst muss der dramatische Dichter diesmal in der erzählenden Form Farbe bekennen. Er tut es so geschickt und beschreibt ihre Erscheinung so lebhaft, dass uns ihr Bild Schönheit nicht als Behauptung, sondern als lebendig-plastische Anschauung vermittelt.

»Alles war düster ringsherum, nur durch ein einziges Fenster fiel der untergehende Tag in die Kapelle, die Sonne war nirgends mehr als auf dieser Gestalt. Mit unaussprechlicher Anmut – halb knieend, halb liegend – war sie vor einem Altar hingegossen – der gewagteste, lieblichste, gelungenste Umriß, einzig und unnachahm-

lich, die schönste Linie in der Natur. Schwarz war ihr
Gewand, das sich spannend um den reizendsten Leib,
um die niedlichsten Arme schloß und in weiten Falten,
wie eine spanische Robe, um sie breitete; ihr langes
lichtblondes Haar, in zwei breite Flechten geschlun-
gen, die durch ihre Schwere losgegangen und unter dem
Schleier hervorgedrungen waren, floß in reizender Un-
ordnung weit über den Rücken hinab – eine Hand lag
an dem Kruzifixe, und sanft hinsinkend ruhte sie auf der
andern. Aber wo finde ich Worte, Ihnen das himmlisch
schöne Angesicht zu beschreiben, wo eine Engelseele,
wie auf ihrem Thronensitz, die ganze Fülle ihrer Reize
ausbreitete?« (5. Brief)

Schillers Unlust an der Vollendung des Romans ist
bekannt, aber sie schien am 26. Januar 1789 verflogen:
»Mein ›Geisterseher‹ hat mich dieser Tage etlichemal
sehr angenehm beschäftigt«, schreibt er an die Schwestern Lengefeld, die er kurz zuvor näher kennengelernt
hatte. Dann versucht er ihnen über die geheimnisvolle
Schöne einige Aufklärung zu geben: »Jetzt bin ich eben
bei der schönen Griechin; und um mir ein Ideal zu hoh-
len, werde ich die nächste Redoute nicht versäumen.
Ich möchte gern ein recht romantisches Ideal von einer
liebenswürdigen Schönheit schildern, aber dies muß zugleich so beschaffen sein, daß es – eine eingelernte Rolle
ist, denn meine liebenswürdige Griechin ist eine abge-
feimte Betrügerin.«

Wie wir wissen, hatte sich Schiller das Ideal seiner
liebenswürdigen Schönheit schon im Februar 1787 auf
einem Maskenball geholt, als er sich in die kokette 19-

jährige Henriette von Arnim verliebte. Sie ist es, die sich hinter der Griechin verbirgt. Und sie wird im Leben wie in der Literatur unter dem Stichwort »Betrug« abgelegt. Henriette von Arnim gegenüber war das ziemlich ungerecht; die Literatur gewann durch diesen Kunstgriff, bei dem uns Schiller die wirkliche Lösung ohnehin vorenthielt. Betrügerin oder nicht, Köder, um den Prinzen katholisch zu machen, oder doch nur eine überaus schöne Beterin und Büßerin: Der Dichter lässt sie dem Prinzen erbarmungslos wegsterben, allerdings wird ihre Ermordung durch Gift ins Spiel gebracht. Dass der Prinz sie wirklich geliebt hat, steht außer Zweifel, ob sie ihn ihrerseits geliebt hat, bleibt zweifelhaft. Dass sie ihn aber bezaubert, ja überwältigt hat, ist in Schillers Text nachzulesen. Sie tat es nicht durch ihre Liebe, von der wir keine Sicherheit haben, sie tat es durch ihre Schönheit.

Der Baron von F*** mutmaßt später über die Verschwiegenheit des Prinzen in Bezug auf die schöne Griechin: »Aus dem Prinzen ist nichts herauszubringen, weil er in das Geheimnis gezogen ist«. (EA 9. Brief / sonst 10. Brief) Mag sein, dass Schillers Geschichte auf der Ebene der Kriminalgeschichte für die Griechin ein solches Geheimnis besaß. Auf der höheren Ebene der Geschichte ist das Geheimnis der Griechin offenbar und auch das Romanfragment vollendet. »Niemand kannte sie«, lässt Schiller den Baron von F*** mitteilen. »Aber die Schönheit ist eine geborne Königin. Alles machte ihr ehrerbietig Platz.« (5. Brief)

# Charlotte Sophia Juliana von Kalb
## 1761–1843
## Weimarer Zeit

In den Jahren in Leipzig und Dresden bei den Körners begleitete Schiller der Stoßseufzer, den Charlotte von Kalb ihm einen Monat nach seiner Abreise im April 1785 aus Mannheim nach Leipzig hinterhergeschickt hatte: »Gütiger Gott, was sind sich unsere Herzen gewesen! Was sind sie sich noch!«

Charlotte hatte inzwischen ihr zweites Kind geboren; es war eine Tochter, die aber bereits drei Wochen nach der Geburt verstarb. Ablenkung bot ihr zeitweise der Lustspieldichter Friedrich Wilhelm Gotter, der ihr auch den Hof machte. Nach einigen Ortswechseln verlegte sie ihren Wohnsitz nach Weimar. Am 21. April 1787 schrieb sie Schiller einen Brief und lud ihn dorthin ein.

Das Schreiben kam zur rechten Zeit, um Schiller nach der Geschichte mit Henriette von Arnim sanft von den Körners zu lösen. Am 20. Juli 1787 reiste er ab; bis Leipzig wurde er begleitet von der Frau des Buchhändlers Schneider, Wilhelmina Friederika, mit der ihn ebenfalls ein sehr herzliches Verhältnis verband. Am 21. Juli kam er am frühen Abend in Weimar an; bereits am nächsten Tag besuchte er Charlotte von Kalb, über die er am 23. Juli an Körner schrieb: »Sonderbar war es, daß ich mich schon in der ersten Stunde unsers Beisammenseins nicht anders fühlte als hätt ich sie erst gestern verlassen. So einheimisch war mir alles an ihr, so schnell knüpfte sich jeder zerrissene Faden unsers Umgangs wieder an … Charlotte ist eine große sonderbare weibliche Seele, ein wirkliches Studium für mich, die einem größeren Geist als der meinige ist, zu schaffen geben kann.«

Schiller sprach bei Wieland und Herder vor und wurde der Herzoginmutter vorgestellt. Mit Charlotte von Kalb aber war er fast täglich zusammen, und man konnte den Eindruck haben, die beiden seien ein Paar. Charlotte von Kalb öffnete für ihren Freund bereitwillig die Türen zu neuen Bekanntschaften. Mit dem Ende Juni erschienenen *Dom Karlos* hatte Schiller stets ein vorzügliches Gastgeschenk zur Hand. Er genoss den neuen Umgang mit den Größen Weimars, er genoss den vertraulichen Umgang mit Charlotte, und seine Selbstachtung stieg. Aber Charlotte machte ihm heimlich auch Angst, da sie wohl auf eine kalkulierbare Zukunft sann.

Im August brachte Charlotte ihren Freund Schiller für sechs Tage nach Jena, wo sie ihn am 26. August wieder abholte. Am 28. August feierte man zusammen den Geburtstag Goethes, der noch immer in Italien weilte. Tags darauf fand die Uraufführung des *Dom Karlos* in Hamburg mit Friedrich Ludwig Schröder in der Titelrolle statt.

Nach Hamburg wollte Schiller eigentlich weiterreisen, aber Weimar schien ihn – Schröders Angebot ihn als Theaterdichter zu engagieren, war nach den Mannheimer Erfahrungen nicht übermäßig verlockend – mit besseren Aussichten zu halten. Im September und Oktober werden die Besuche langsam Alltag; Schiller logiert nicht mehr im Hotel, sondern in einer kleinen Dachwohnung auf der Esplanade. Im November reist Charlotte von Kalb nach Kalbsrieth, um sich mit ihrem

Gatten zu treffen. Schillers Angst vor einer mit Forderungen belasteten Beziehung schwindet zunehmend.
Kurzzeitig liebäugelt er mit einer näheren Verbindung
zu Wieland, dessen zweite, erst 17-jährige Tochter er zu
heiraten gedenkt. Auch mit der Schauspielerin und Sän-
gerin Corona Schröter, die allerdings Frauen den Vorzug gab, verkehrt er »auf dem charmantesten Fuß«.

Am 21. November reist er nach Meiningen zur
Schwester Christophine und zum Schwager Reinwald.
Er besucht die Wolzogens in Bauerbach, findet Charlot-
te von Wolzogen mittlerweile verlobt und liest aus dem
*Dom Karlos* vor. Mit Wilhelm von Wolzogen geht er in
Meiningen ins Theater, und auf dem Weg zurück nach
Weimar machen die beiden Freunde am 6. Dezember in
Rudolstadt Station bei den Verwandten Wilhelms, der
Familie Lengefeld. Die Töchter der Frau von Lengefeld
hatte er schon einmal flüchtig in Mannheim gesehen,
aber diesmal bleibt Zeit, um bei Schiller einen nachhal-
tigen Eindruck zu hinterlassen. Karoline von Lengefeld
ist mittlerweile mit Herrn von Beulwitz verheiratet und
wetteifert nichtsdestotrotz mit ihrer Schwester Charlotte um Schillers Aufmerksamkeit.

Am 7. Dezember geht es zurück nach Weimar. Die an-
dere Charlotte, Frau von Kalb, ist bereits wieder vor Ort.
Sie hat ihren Gatten dabei, und während sie vermutlich
Überlegungen über eine Scheidung anstellt, reduziert
Schiller seine Besuche bei den Kalbs. Im Fasching kom-
men die Lengefelds nach Weimar und die emotionalen
Beziehungsgeflechte werden immer verwickelter.

Das Jahr 1788 zieht sich entscheidungslos hin. Von

Mai bis November verlebt Schiller die Tage in Volkstädt und Rudolstadt in der Nähe der Familie Lengefeld, die er fast täglich besucht. Charlotte von Kalb geht im März des Jahres nach Waltershausen, im April ist sie wieder zurück in Weimar. Sie betreibt ihre Scheidung, die aber letztendlich nicht zustande kommt. Schiller lässt sie über sein Verhältnis mit den Lengefelds im Unklaren.

Im November kehrt er nach Weimar zurück, wo man sich wieder begegnet. Dann wird Schiller a. o. Professor in Jena, wohin er im Mai 1789 übersiedelt. Noch immer scheinen die emotionalen Angelegenheiten zwischen Schiller und Charlotte von Kalb einerseits und Schiller und Charlotte von Lengefeld andererseits in der Schwebe. Zwar verlobt sich Schiller im August mit Charlotte von Lengefeld, aber doch mehr insgeheim als öffentlich und noch immer unentschieden, was seine Neigungen betrifft.

Frau von Kalb sieht noch im September 1789 mithilfe Herders Chancen für eine Scheidung und eine Verbindung mit Schiller, während es zwischen den Schwestern Lengefeld ob der beidseitig starken Neigung zu Schiller zu kriseln beginnt. Im Dezember kommt es bei einer Hofgesellschaft zu einem ersten kleinen Eklat. Frau von Kalb stellt Charlotte von Lengefeld zur Rede und möchte wissen, warum Schiller sie tags zuvor nicht besucht habe. Ahnungslos ahnend erhält sie am 8. Februar 1790 Schillers briefliches Geständnis seiner Liebe zu Charlotte von Lengefeld, die er in aller Stille am 22. Februar 1790 heiratet.

Schiller wohnt in Jena und Charlotte von Kalb und

Charlotte von Lengefeld in Weimar. Am 10. Februar treffen sich Letztere auf einer Gesellschaft. Es ist eine fast bühnenreife Szene, von der die Siegerin im Kampf um Schillers Liebe mit einiger Genugtuung berichtet: »Gestern waren wir bei der Stein. Die Kalb ließ sich melden. Du hast keinen Begriff wie sie aussieht und tut ... Sie sah aus, wie ein rasender Mensch, bei dem der Paroxysmus vorüber ist, so erschöpft, so zerstört, das Gespräch wollte gar nicht fort. Der ganzen Familie fiel es auf, daß sie noch nie so gewesen wäre. Sie klagte über den Kopf; sie saß unter uns wie eine Erscheinung aus einem anderen Planeten, und als gehörte sie gar nicht zu uns. Ich fürchtete wirklich um ihren Verstand. Sie ist mir sehr aufgefallen, und hätte sie nicht wieder die unverzeihlichen Härten und das Ungraziöse in ihrem Wesen, sie könnte mein Mitleid erregen. Aber so stößt mich so vieles zurück. Ich beklage sie wohl, aber sie rührt mich nicht.«

Am 18. Februar gab Schiller auf der Durchreise von Jena nach Erfurt die Briefe, die er von Charlotte von Kalb erhalten hatte, zurück und reduzierte hinfort seine Beziehung zu den Kalbs auf einen gesellschaftlich-förmlichen Umgang. Charlotte von Kalb wiederholte ihren Kampf unter leicht veränderten Bedingungen noch einmal mit dem Dichter Jean Paul. Auch in diesem Fall wurde sie enttäuscht. Durch die Französische Revolution und durch Fehlspekulationen ihres Mannes finanziell ruiniert, zog sie 1804 verarmt nach Berlin. Sie erblindete; Heinrich von Kalb hatte außereheliche Beziehungen, und nach dem Verlust des Restvermögens der Familie erschoss er sich 1806. Nicht genug damit, Charlotte von Kalb musste auch noch den Tod ihres Sohnes August erleben, der sich 1825 ebenfalls erschoss. Trotz dieser Schicksalsschläge nahm sie bis zu ihrem Tod 1843 regen Anteil am literarischen Leben der Zeit und an dem in Berlin insbesondere. Ihre literarischen Arbeiten wurden erst nach ihrem Tode veröffentlicht.

Ihre Grabinschrift auf dem Berliner Dreifaltigkeits-kirchhof II an der Bergmannstraße lautet:

> *Ich bin auch ein Mensch, sagt der Staub!*
> *Ich bin auch ein Geist, sagt das All!*

# Luise von Lengefeld
## 1743–1823

Schillers Besuch in Bauerbach bei Henriette und Charlotte von Wolzogen im November und Dezember 1787 war ein wenig ernüchternd. Der alte Bauerbacher Zauber der Jahre 1782/83 wollte sich nicht mehr beschwören lassen. »Alles«, so Schiller am 8. Dezember 1787 an Körner, »hat seine Sprache an mich verloren.«

Aber der Brief war nicht zu Ende und die Körners mochten ihre Ohren spitzen, als der gerade 28 Jahre alt gewordene Schiller plötzlich Personen ins Spiel brachte, von denen sie noch nie gehört hatten. Sie wussten, Schiller war auf seine Art immer auf Brautschau, und da er dabei nicht immer glücklich agierte, waren sie in beständiger Sorge. Das aber klang zumindest fürs Erste recht gut: »In Rudolstadt habe ich mich auch einen Tag aufgehalten, und wieder eine recht liebenswürdige Familie kennen gelernt. Eine Frau von Lengefeld lebt da mit einer verheirateten und einer noch ledigen Tochter. Beide Geschöpfe sind (ohne schön zu sein) anziehend und gefallen mir sehr. Man findet hier viel Bekanntschaft mit der neuen Literatur, Feinheit, Empfindung und Geist. Das Klavier spielen sie gut, welches mir einen recht schönen Abend machte. Die Gegend um Rudolstadt ist außerordentlich schön. Ich hatte nie davon gehört, und bin sehr überrascht worden.«

Die Frau von Lengefeld hieß mit Mädchennamen Luise Juliane Eleonore Friederike von Wurmb, war 44 Jahre alt, und hatte als 18-jähriges Mädchen 1761 den

schwarzburg-rudolstädtischen Oberforstmeister Carl
Christoph von Lengefeld geheiratet. Dieser war mit
seinen 46 Jahren um 28 Jahre älter als das mittellose
Mädchen und zudem durch einen Schlaganfall schwer
behindert. Gleichwohl war der Mann tüchtig in seinem
Fache, und die Mädchen, die 1763 und 1766 geboren
wurden, erhielten gute hauswirtschaftliche Kenntnisse.
Aber auch die musische Seite kam, wesentlich durch die
Mutter vermittelt, nicht zu kurz. Vor allem nach dem
Tode ihres liebevollen Mannes im Jahre 1775 widmete
sich Luise mit ungewöhnlichem Fleiß und großer Sorge
der Erziehung ihrer Töchter. Die »chère mère«, wie sie
von allen respektvoll genannt wurde, wollte ihre Töchter unbedingt »hoffähig« machen.

Karoline, die Älteste, konnte Luise von Lengefeld
schon 16-jährig standesgemäß mit dem 24-jährigen
Friedrich Wilhelm Ludwig Freiherrn von Beulwitz
verloben, die jüngere Tochter Charlotte sollte Hof-
dame werden. Man führte sie in Weimar ein, und zur
Verbesserung der Französischkenntnisse gab es für die
Mutter und die beiden Töchter ein gemeinsames Stu-
dienjahr in der Schweiz. Auf der Reise 1783 dorthin
passierten sie Stuttgart und wurden durch Henriette
von Wolzogen nicht nur in der herzoglichen Karlsschule vorgezeigt, sondern auch in Schillers Elternhaus
bekannt gemacht.

Als sie im Mai 1784 wieder in Rudolstadt zurück
waren, stand für Karoline noch im selben Jahr ob der
glänzenden Versorgung die Eheschließung mit dem späteren Geheimen Legationsrat von Beulwitz an, und für

Charlotte der Eintritt in den Hofdienst. Ein bürger-
licher Dichter ohne Stellung war als Schwiegersohn in
diesem Plan nicht vorgesehen. Hätte er sich dennoch
beworben, wären seine Aussichten zweifellos nicht gut
gewesen.

Caroline von Lengefeld
verh. von Wolzogen
gesch. von Beulwitz
1763–1847

Über die erste Begegnung, die für Schillers Leben schicksalhaft werden sollte, sind wir nicht nur durch seinen Brief an Körner vom 8. Dezember 1787 unterrichtet, sondern auch durch Caroline von Beulwitz, die ältere und verheiratete Schwester von Charlotte von Lengefeld. An den 6. Dezember 1787 erinnert sie sich so: »An einem trüben Novembertage im Jahre 1787 kamen zwei Reiter die Straße herunter. Sie waren in Mäntel eingehüllt; wir erkannten unseren Vetter Wilhelm von Wolzogen, der sich scherzend das halbe Gesicht mit dem Mantel verbarg; der andre Reiter war uns unbekannt und erregte unsre Neugier. Bald löste sich das Rätsel durch den Besuch des Vetters, der um die Erlaubnis bat, seinen Reisegefährten, Schiller, der seine verheiratete Schwester und Frau von Wolzogen in Meiningen besuchte, am Abend bei uns einzuführen«.

Auch wenn sich Caroline aus der Distanz der Biographin von 1830 in der Datierung des Besuchs irrt, bestätigt ihre Wiedergabe der ersten Begegnung in etwa den Eindruck, den Schillers Brief an Körner unmittelbar nach dem Besuch vermittelt. In ihrer Lebensbeschreibung fährt sie fort: »Schiller fühlte sich wohl und frei in unserm Familienkreise. Entfernt vom flachen Weltleben, galt uns das Geistige mehr als alles; wir umfaßten es mit Herzenswärme, nicht befangen von kritischen Urteilen und Vorurteilen, nur der eignen Richtung unsrer Natur folgend. Dies war es, was er bedurfte, um sich

selbst im Umgang aufzuschließen. Wir kannten seinen
*Don Karlos* noch nicht. Ohne alle schriftstellerische Eitelkeit schien es ihm am Herzen zu liegen, daß wir ihn
kennen lernten. [...] Der Gedanke, sich unsrer Familie
anzuschließen, schien schon an jenem Abend in ihm
aufzudämmern, und zu unsrer Freude sprach er beim
Abschiede den Plan aus, den nächsten Sommer in unserm schönen Tale zu verleben.«

Zweifellos: Schiller wollte sich der Familie Lengefeld näher verbinden und er wollte unbedingt heiraten,
»denn noch einmal, mein Lieber«, beteuerte er Körner am 7. Januar 1788 gegenüber nachdrücklich, »dabei
bleibt es, daß ich heirate«. Doch er war sich unschlüssig
in seiner Wahl. Charlotte von Kalb eher nicht mehr,
aber welcher von den beiden Damen Lengefeld er sich
zu verbinden wünschte, war ihm unklar. Am besten
beiden. Dass Caroline verheiratet war, störte ihn wenig.
Und auch sie machte kein Hehl daraus, dass sie zwar
reich, aber unglücklich geheiratet hatte.

Zunächst begann es mit einen Vorspiel in Weimar, wohin Charlotte zu Anfang des Jahres 1788 gekommen war.
Man vereinbarte einen ausgiebigen Besuch Schillers in
Rudolstadt, der zum sogenannten »Volkstädter Sommer«
wurde. Charlotte hatte die Unterkunft in dem nahege-
legenen Dorf besorgt und Schiller reiste am 19. Mai an.
Die Schwestern hatten ihn sehnsüchtig erwartet: jede als
die Aufpasserin der anderen. Ein angenehmer Sommer
kündigte sich an und später eine merkwürdige Brautzeit.
Tagsüber wurde hart gearbeitet und nachmittags und
abends gab es ungezwungene Zusammenkünfte, kleine

Ausflüge und frohe Feste im Familienkreis. »Wie ein Blumen- und Fruchtgewinde war das Leben dieses ganzen Sommers mit seinen genußreichen und bildenden Tagen und Stunden für uns alle«, fasste Karoline später diese Zeit zusammen. Schiller schreibt am 27. Juli 1788 an Körner »Mutter und Töchter sind mir gleich lieb und wert geworden und ich bin es ihnen auch.«

Ganz die spätere Schwägerin eines genialen Dichters, redet Caroline die Verhältnisse aber auch ein wenig schön: »Unsre Pläne für die Zukunft deuteten auf ein oft vereintes Leben. Eine bestimmte Absicht auf meine Schwester wagte Schiller nicht auszusprechen, da noch keine feste Lebensaussicht für ihn vorhanden war (…). Die Standesverhältnisse wurden in jener Zeit noch strenger genommen und die mütterliche Sorge um die Haltbarkeit der äußeren Existenz mußte ihm selbst höchst einleuchtend erscheinen.«

Folglich ließ man sich Zeit, ließ den Dingen ihren Lauf, aber Caroline war vielleicht doch berechnender als die schüchterne Charlotte. Vor Schillers Rückkehr feierte man noch gemeinsam seinen Geburtstag im November. Harte Arbeitswochen folgten. Schiller erhält die unbesoldete Professur in Jena und wird damit noch immer kein Heiratskandidat. Im Mai 1789 zieht er der Professur wegen nach Jena. Der Sommer verläuft nicht so erfreulich wie in Volkstädt, aber im August kann Caroline es so arrangieren, dass Schiller endlich einen Antrag bei Charlotte abgeben kann. Natürlich sagt diese zu; man bietet sich das vertrauliche »Du« an und spielt heimlich verlobt.

Caroline betrieb alle Geschäfte dieser Verlobung ihrer jüngeren Schwester, der kleinen »Lolo«, wie Charlotte gerufen wurde, mit einer Nachdrücklichkeit, als wäre es ihre eigene, als wollte sie sich schadlos halten für ihre Ehe mit »Ursus«, dem Bären, wie ihr Mann genannt wurde, von dem sie sich 1794 dann tatsächlich scheiden ließ. Sie übernahm die delikate Aufgabe, der Mutter das »Ja« zur Verbindung beziehungsweise zur bereits erfolgten Verlobung von Charlotte mit Schiller abzuringen. Kurz vor Weihnachten, am 18. Dezember, darf er bei der Mutter schriftlich um die Hand von Charlotte anhalten, und am 21. Dezember ging aus Rudolstadt deren erlösende Zusage ab: »Ja, ich will Ihnen das beste und liebste was ich noch zu geben habe meine gute Lottchen geben.«

An Silvester besuchte man in Weimar gemeinsam das Theater. Die Schwestern hatten ihren Dichter, und sie boten nicht nur nach außen hin eine merkwürdige Dreierbeziehung. Schiller hatte schon im Volkstädter Sommer erotisch anzüglich und kokett mit beiden Mädchen gespielt, und nach der heimlichen Verlobung schrieb er zumeist andeutungsreiche Briefe, die man nur als Liebesbriefe an beide Schwestern verstehen kann. Am 5. Dezember 1789 aber kam ein Brief, der nur an Caroline adressiert war, in dem er ihr recht Eindeutiges zu sagen hatte: »Ach, wenn Du erfahren wolltst wie sehr ich Dich liebe, so müßtest Du mir eine neue Sprache und ein unsterbliches Leben geben. Wenn der Zwang außer uns erst hinweg sein wird, wenn unser Leben endlich *unser* ist, und Gegenwart und Zukunft in großen weiten

Räumen vor uns ausgebreitet liegen, dann kann auch die Liebe alle ihre Reichtümer zeigen und sich mit immer neuen und immer schöneren Blüten überraschen.«

Was die passionierte Ehestifterin im Schilde führte, wissen wir nicht. Sie hat in ihrer Lebensbeschreibung Schillers später alle doppeldeutig zu verstehenden Stellen der Brautbriefe getilgt. Aber im Augenblick dachte sie trotz Verlobung und der auf Februar vorgezogenen Heirat wohl nicht unbedingt an Verzicht. Wilhelm von Humboldt, der mit seiner ihm frisch anverlobten Caroline von Dacheröden mit dem Terzett im Theater war und auch sonst einige Zeit mit ihnen verbracht hatte, mutmaßte als feiner Beobachter im Januar 1790: »Aber die Art, wie sie untereinander sind, drückte mich oft. Wenn ich Caroline ansah, über ihn hingelehnt, das Auge schwimmend in Tränen, den Ausdruck der höchsten Liebe in jedem Zuge, – ach ich kanns Dir nicht schildern, wie mirs dann ward.« Wilhelm von Humboldts Vermutung gegenüber seiner Braut mündet in die Frage: »Hast Du ihn nie Caroline küssen sehen und dann Lotten?«

Caroline von Dacheröden hatte es *so* nicht gesehen, aber doch Ähnliches verspürt. Ihrem Verlobten antwortet sie umgehend: »Ich bin sehr traurig um Karolinen. Sie ist unauflöslich an mein Herz gebunden, und ich fürchte, sie geht noch bei diesem Verhältnis zugrunde. Eine Unerklärbarkeit bleibt mir in Schiller. Hat er nie Karolinens Liebe empfunden, wie konnte er mit Lotte leben wollen? Hat er sie gefühlt, so nahm er die Verbindung mit Lotte nur als Mittel an, mit jener zu leben. – O, möge die Zeit dies freundlich lösen!«

*Thekla, Prinzessin von Friedland*
Wallenstein
(1800)

Die Welt Wallensteins ist wie die Welt der Räuber der Sache nach ziemlich frauenlos. Der Dramatiker musste an der historischen Faktenlage schon kräftig manipulieren, um eine Tochter Wallensteins ins Spiel bringen zu können. Der Feldherr hatte zwar eine Tochter von seiner zweiten Frau, die er als 22-Jährige 1623 geheiratet hatte, doch das Mädchen, das sie 1626 gebar und das den Namen Marie Elisabeth erhielt, war beim Tode des Vaters gerade acht Jahre alt. Tochter und Mutter standen den Kriegsereignissen fern. Nicht einmal den Vornamen von Wallensteins Tochter behielt Schiller bei, sondern er soll ihn einem Moderoman der Schriftstellerin Benedikte Naubert entnommen haben. Den tatsächlichen Namen von Wallensteins Tochter gab er im Stück der Mutter, der Herzogin von Friedland.

Wo immer also von der Tochter Wallensteins, von Thekla, die Rede ist, da bewegt sich das dramatische Gedicht *Wallenstein* auf freiem poetischen Terrain; das gilt auch für Max Piccolomini, der nicht minder ein Phantasiegeschöpf des Dichters ist. Befreit von allen Rücksichtnahmen auf die historischen Daten und Fakten, gestaltet Schiller mit Thekla einen Charakter, der allen Zauber seiner dramatischen Poesie entfaltet. Das geht nicht zuletzt deshalb so gut, weil Thekla und ihr Geliebter Max die einzigen Figuren in dem Kolossalgemälde sind, die uns frei von Schuld erscheinen. Ihrer beider Fall als unschuldige Opfer des Kalküls und der

Intrigenwirtschaft höchst eigennütziger Naturen wirkt deshalb umso ergreifender und tragischer.

Das Mädchen tritt ins Stück ein, wie vergleichsweise der Frühling über Nacht die Welt verzaubert. Sie kommt, ganz Natur, aus »goldner Zeit« und mythischem Land; Max geleitet sie aus Italien in den nordischen Winter, und sofort überstrahlt sie, wenn sie eintritt, jene Welt des Lagers, der Zwecke und des Krieges mit ihrem stillen Glanze. Analog zu dem kosmisch-astrologischen Gebäude, das sich Wallenstein erbaut, bringt sie wie Venus alles Schöne.

Aber dem utopischen Entwurf eines Friedensreiches, eines Seins jenseits der Zeit, den Max, bezaubert von Theklas Jugend und Schönheit, von ihrer Tugend und Reinheit entwirft, ist auf Erden keine Zukunft beschieden. Die Wirklichkeit ist das Reich der Notwendigkeit, der Unvermeidlichkeit, des Unvermögens und nicht der zwecklosen Liebe. Auch sie hat sich den Zwecken zu unterwerfen, Zwecken, die der Vater mit seiner Tochter und ihrer standesgemäßen Heirat verfolgt wie Vater Jupiter, der jedes Große bringt, nur nicht den Frieden.

Die Geschichte geht, um ihrem unerbittlichen Realismus zu genügen, wie sie gehen muss. Theklas Schicksal und Max Piccolominis Untergang sind sowohl im äußerlichen Gefüge der Geschichte als auch im höheren Verständnis von Schillers Weltauffassung streng vorherbestimmt. Sie münden in die unerbittliche Weisheit, die Thekla nach Empfang der Todesnachricht »mit Zeichen des Grauens« auszusprechen hat:

– Da kommt das Schicksal – Roh und kalt
Faßt es des Freundes zärtliche Gestalt
Und wirft ihn unter den Hufschlag seiner Pferde –
– Das ist das Los des Schönen auf der Erde!
(*Wallensteins Tod*, IV,12)

Als Trost bleibt für den Geliebten, bleibt dem Schönen,
ein Klaglied im Munde der geliebten Schönen zu sein,
wie es Schiller auf unvergleichliche Art in der parallel
zum *Wallenstein* entstandenen Elegie *Nänie* (= Klaglied)
besingt. »Daß das Schöne vergeht, daß das Vollkomme-
ne stirbt«, teilt es mit allem Geschaffenen. Aber im Unterschied zu diesem, das »klanglos« vergeht, überdauert
das Schöne im Klagelied. Es ist dies die Grundbestim-
mung der Poesie, die in Thekla dramatisch gestaltet ist,
und die in dem Gedicht *Das Mädchen aus der Fremde*
als Lied erklingt.

*Gräfin Terzky*
**Wallenstein**
(1800)

Die Gräfin Terzky ist eine Frau, die, anders als ihr Schwager Wallenstein, dem Traumpaar Thekla und Max Piccolomini gewogen ist. Sie scheint eine verständige Frau zu sein, eine Frau, der neben allen Kabalen und Intrigen der gesellschaftlich-politischen Welt der Sinn für die reine Poesie des Lebens, für die Liebe, nicht ganz verloren gegangen ist. Für Max spielt sie die Gelegenheitsmacherin.

> GRÄFIN. Genießen Sie Ihr Glück. Vergessen Sie
> Die Welt um sich herum. Es soll die Freundschaft
> Indessen wachsam für Sie sorgen, handeln.
> Nur sei'n Sie dann auch lenksam, wenn man Ihnen
> Den Weg zu Ihrem Glücke zeigen wird.
> (*Pic.*, III,3)

Dennoch hat ihre Freundschaft zu Max eine eigene Qualität. Wie alle im Lager, wie der Feldherr selbst, ist ihr Tun von Zwecken und Absichten bestimmt. Sie steht mit ihrem Mann nicht nur ob dessen Dienstverhältnis, sondern auch ob des verwandtschaftlichen Verhältnisses – sie sind Schwager und Schwägerin Wallensteins – ganz im Zentrum der Macht. Und von den beiden Terzkys ist sie diejenige, die bei Wallensteins Plänen kräftig mitmischt. Auf sie ist daher die Charakterisierung der Figur Wallensteins übertragbar, die Schiller dem Freund und Bewunderer Wilhelm von Humboldt am 21. März 1796 gab: »Sie hat nichts Edles, sie erscheint in keinem

einzelnen LebensAkt groß, sie hat wenig Würde und
dergleichen, ich hoffe aber nichtsdestoweniger auf rein
realistischem Wege einen dramatisch großen Charakter
in ihr aufzustellen, der ein ächtes Lebensprinzip in sich
hat.«

Wenn die Interpreten das Personal des *Wallenstein* Re-
vue passieren lassen, wird dies und die Figur der Gräfin
Terzky nur zu oft vergessen oder unterschätzt. Sie wäre
nicht anders als Wallenstein nur eine Intrigantin, ein ein-
faches Werkzeug der Kabalen, wenn ihr nicht auch jener
hochfliegende Geist eignete und die hohen Ziele des Feldherrn nicht das Prinzip ihres Handelns wären. Mit ihrer
Überlegenheit, ihrem Scharfsinn aber stützt sie rückhalt-
los des Schwagers weltumspannende Pläne. Wie er ist sie
eine Spielerin, jedoch weniger zögerlich und zaudernd,
und ihre Argumente sind mehr als nur Sophistereien.

> GRÄFIN. Da man das Schlimmste weiß, da dir die Tat
>      Schon als begangen zugerechnet wird,
>      Willst du zurückziehn und die Frucht verlieren?
>      Entworfen bloß, ist's ein gemeiner Frevel,
>      Vollführt, ist's ein unsterblich Unternehmen;
>      Und wenn es glückt, so ist es auch verziehn,
>      Denn aller Ausgang ist ein Gottes Urtel. (*Tod*, I,7)

Wallenstein, der die Terzky aus dem engsten Rat der
Männer zunächst hinauskomplimentiert sehen wollte –
»Hier ist kein Geschäft für Weiber« (*Tod*, I,7) –, muss
akzeptieren, dass sie das Geschehen dort zu dirigieren
beginnt. Sie weist sogar den Oberst Piccolomini zu-

rück – »Soll warten.« – und läuft in dem anschließenden
Schlagabtausch der Argumente, die für einen Abfall vom
Kaiser sprechen, zu voller Größe auf. Was den Männern
nicht gelang – »Der Herzog will nicht.« –, gelingt ihrer
Überredungskunst.

> GRÄFIN. Der Augenblick ist da, wo du die Summe
>     Der großen Lebensrechnung ziehen sollst,
>     Die Zeichen stehen sieghaft über dir,
>     Glück winken die Planeten dir herunter
>     Und rufen: es ist an der Zeit!

Am Ende der Szene will der Herzog doch, was er nach
Meinung der Gräfin wollen muss:

> WALLENSTEIN.        Geschehe denn, was muß.
>     Recht stets behält das Schicksal, denn das Herz
>     In uns ist sein gebietrischer Vollzieher. (…)
>     *(zur Gräfin, welche eine triumphierende Miene
>         macht)*
>                         Frohlocke nicht!
>     Denn eifersüchtig sind des Schicksals Mächte.
>     Voreilig Jauchzen greift in ihre Rechte.
>     Den Samen legen wir in ihre Hände,
>     Ob Glück, ob Unglück aufgeht, lehrt das Ende.
>         *(Tod,* I,7)

Unglück geht, wie alle Welt weiß, am Ende über dem
Hause Friedlands auf. Die Schuld liegt sicherlich nicht
bei der Gräfin Terzky. Auch über ihrem Hause wütet

das Unglück. Aber sie weiß, was sie schuldig ist. Sie teilt
das Unglück des Feldherrn und geht mit ihm nach einem
langen Abschiedsgespräch klaglos in den Tod. Schiller
gibt ihr einen Abgang, wie er ehrenvoller nicht sein
kann. Er bekundet ihrer Leidenschaft für Wallenstein
seine hohe Achtung, auch wenn ihm ihrer beider Bild,
ihre Charaktere, ihre Wahrheit der Geschichte schwankend und zwiespältig erscheinen.

> GRÄFIN *(sammelt ihre letzte Kraft und spricht mit*
> *Lebhaftigkeit und Adel).*
> Sie denken würdiger von mir, als daß Sie glaubten,
> Ich überlebte meines Hauses Fall.
> Wir fühlten uns nicht zu gering, die Hand
> Nach einer Königskrone zu erheben –
> Es sollte nicht sein – Doch wir *denken* königlich,
> Und achten einen freien, mut'gen Tod
> Anständiger als ein entehrtes Leben. (*Tod*, V,12)

Charlotte von Lengefeld
verh. Schiller
1766–1826

Ganz offen und frei war Charlotte von Lengefeld nicht, als sie Schiller zum ersten Mal bewusst sah. Sie hatte vor kurzem eine Liebschaft mit dem schottischen Kapitän Henry Heron unglücklich beendet. Der Geliebte musste zum Militärdienst nach Ostindien. Als Schiller im Dezember 1787 in Rudolstadt eintraf, war allerdings der Schotte schon eine melancholische Erinnerung, und Karoline von Lengefeld, nicht Schiller, behauptete hinfort das Feld für alle drei. Sie ging bei diesem Verhältnis, wie die Freundin Caroline von Dacheröden befürchtete, nicht zugrunde; sie war für keine Tragödie bestimmt, sondern spielte auf Komödienende, auf »Happy End«, mit durchaus feinen Hintergedanken.

Zunächst gab es eine Hochzeit, ganz wie es in Schillers Lobpreis der bürgerlichen Familienverhältnisse, im *Lied von der Glocke* heißt: »Die Leidenschaft flieht! / Die Liebe muß bleiben.« Der *Räuber*-Dichter sehnte sich nach solchen Zuständen, und des Vaters Wunsch nach einer »vernünftigen, tugendhaften und häuslichen Frau« (Brief vom 19. Februar 1784) wurde endlich erfüllt. Am 22. Februar 1790 fand in der Dorfkirche zu Wenigenjena um 17.30 Uhr in aller Stille die Trauung mit Charlotte statt. Anwesend waren die Schwägerin Caroline und die Schwiegermutter. Der fürstlich sächsisch-meining'sche Hofrat und öffentliche Lehrer der Weltweisheit in Jena, Herr Johann Friedrich Schiller, ehemals Hauptmann in herzoglich württemberg'schen

Diensten ehelichte das Fräulein Luise Antoinette Charlotte von Lengefeld.

Anschließend fuhr man nach Jena zurück, feierte am Abend still und ruhig bei Tee und Gesprächen in Schillers Wohnung, wo die Eheleute zum ersten Mal gemeinsam die Nacht verbrachten. Zunächst wurde Schillers Hausstand beibehalten, und Caroline wusste es geschickt einzurichten, nach Abreise der Mutter am 1. März bei den Neuvermählten zu verbleiben.

Schiller war glücklich über seine endlich erreichte Häuslichkeit, und vielleicht sah er seine Wünsche so erfüllt, wie er sie sich im Brief vom Herbst des vergangenen Jahres, vom 10. September 1789, ausgemalt hatte: »Meine Seele ist jetzt gar oft mit den Szenen der Zukunft beschäftigt; unser Leben hat angefangen, ich schreibe vielleicht auch, wie jetzt; aber ich weiß *Euch* in meinem Zimmer, Du Karoline, bist am Klavier und Lottchen arbeitet neben Dir, und aus dem Spiegel, der mir gegenüber hängt, seh ich Euch beide. Ich lege die Feder weg, um mich an Eurem schlagenden Herzen lebendig zu überzeugen, daß ich Euch habe, daß nichts nichts Euch mir entreißen kann. Ich erwache mit dem Bewußtsein, daß ich Euch finde, und mit dem Bewußtsein, daß ich Euch morgen wieder finde, schlummre ich ein. Der Genuß wird nur durch die Hoffnung unterbrochen, und die süße Hoffnung nur durch die Erfüllung, und getragen von diesem himmlischen Paar verfliegt unser goldenes Leben!«

Auch wenn Schiller Gottfried August Bürgers Ruhm als Volksdichter eben in einer anonymen Rezension heftig befehdet hatte, dessen Dreierbeziehung mit Dorette Leonhart und ihrer jüngeren Schwester Molly schien er weniger kritisch in Frage zu stellen. Sein Brief klingt wie ein Roman, der »Bürgers Liebe« hätte heißen können. Es kam dann doch nicht so, und auch die biblische Konstellation von Maria und Martha ließ sich nur ansatzweise durchspielen. Ob Caroline wie Maria den besseren Teil gewählt hat, ist schwer auszumachen. Lotte jedenfalls spielte ergeben und bereitwillig die dienende Martha. Schiller hatte entgegen den Vermutungen Wilhelm von Humboldts doch die richtige Braut heimgeführt.

Im April 1790 ging man für vier Wochen auf Ferien nach Rudolstadt. Ende des Monats fuhr Lotte allein mit Schiller nach Jena zurück. Caroline blieb bei der Mutter. Die junge Ehe spielte sich in den üblichen Konventionen ein, und die zurückgelassene Caroline rang sich nach und nach zu ihrer Scheidung durch. Die Phantasien von einer Doppelehe lösten sich in Nichts auf. Es blieb ein Verhältnis, das zunehmend von familiären Angelegenheiten bestimmt war. Sie ließ sich scheiden und heiratete Wilhelm von Wolzogen, Schillers Freund aus der Karlsschule. Gleichwohl blieb sie mit dem Schwager in literarisch-geistig anregendem Kontakt, zumal die Schwägerin mit eigenen literarischen Arbeiten hervortrat. Schiller förderte sie durch Abdruck ihres Romans *Agnes von Lilien* in seiner Zeitschrift *Die Horen*. Sie drückte lange nach Schillers Tod ihren Dank mit einer Lebensbeschreibung aus, die wie keine andere aus intimster Nähe und genauer Kenntnis der Persönlichkeit des Dichters gestaltet ist. Seine junge

Ehe mit Lotte beschreibt sie so: »Seiner Frau suchte er eine angenehme Geselligkeit zu bereiten. Schiller liebte sehr die Musik, und hatte sie gern in einem Nebenzimmer, wenn er in seiner Arbeitsstube auf und ab ging und sich einer dichterischen Stimmung überließ. Dies bewog meine Schwester, noch weiteren Unterricht im Klavierspielen zu nehmen. Das Lied von Gluck: Einen Bach, der fließt, brachte ihm immer die angenehmsten Phantasien zu. Wanderungen in die so mannigfaltige freundliche Gegend, Reisen nach Rudolstadt zu meiner Mutter und mir, gaben dem Leben Abwechslung und Heiterkeit.«

Lotte perfektionierte nicht nur ihr Klavierspiel, um ihm eine bürgerliche Laura zu sein, sondern sie nahm auch das Hauswesen sehr ernst, das durch Schillers schmale Einkünfte und seine Krankheiten ständig finanziell angespannt und bedroht war. Erst als er 1794 mit Johann Friedrich Cotta in Verlagsbeziehungen trat, konsolidierten sich seine Einkommensverhältnisse ein wenig. Man darf nicht vergessen, dass er einer der ersten freien Schriftsteller in Deutschland ist; fast immer war er verschuldet. Pläne, aus den diversen Mietwohnungen 1797 in ein eigenes Hauswesen ziehen zu können, machen ihm deutlich, dass sein legendärer Fleiß und sein harter Arbeitseinsatz kaum hinreichen, sie zu realisieren. Er wird stolzer »Hausvater«, aber noch auf dem Haus, das er in Weimar 1802 erwirbt, verbleibt nach seinem Tode eine stattliche Restschuld.

Die »schöne, nette, sanfte, graziöse, runde, liebenswürdige Frau«, so Jens Baggesens Beschreibung von

Charlotte Schiller anlässlich eines Besuchs des dänischen Dichters am 5. August 1790, betreute das Arbeitstier Schiller nach besten Kräften, und sie musste schon in den ersten Ehejahren leidvoll mit den oft wiederkehrenden schweren Krankheiten des geliebten Mannes leben lernen. Caroline stand der Schwester stets hilfreich in der Pflege zur Seite. Oft waren die Krankheiten lebensbedrohlich. Am 8. Juni 1791 verbreitete die *Oberdeutsche Allgemeine Literarzeitung* sogar bereits den Tod Schillers. Im fernen Dänemark veranstaltete der dänische Vereher, stille Helfer und Freund Baggesen, als ihn die Nachricht vom vermeintlichen Tod erreichte, eine Trauerfeier.

Nur langsam verbesserte sich Schillers Befinden und die junge Ehefrau hatte vermutlich viele schlaflose Nächte mit dem gerade einmal 32-jährigen Ehemann. Dem »annus horribilis« 1791 folgten zwar auch weniger krankheitsbelastete Zeiten, aber Schillers stets labiler Zustand zwischen trügerischer Gesundheit und ernster Krankheit überschattete auch die verbleibenden vierzehn gemeinsamen Ehejahre. Charlotte blieb Schiller in allen Augenblicken ihres Lebens die Hingebung selbst, ohne jedoch ihre Würde hintanzustellen.

Im September 1792 kommt Schillers Mutter mit der mittlerweile 15-jährigen Schwester Nanette zu Besuch. Da man sich zehn lange Jahre nicht gesehen hat, verläuft das Wiedersehen nicht ganz ohne Reibungen. Trotzdem setzen die Schillers für das Jahr 1793 eine längere Reise nach Schwaben auf die Vorsatzliste. Im Frühjahr kränkelt Schiller erneut und Charlotte ist im vierten Ehejahr

endlich schwanger. Allerdings wird man sich dieser Tat-
sache erst im siebten Monat bewusst. Unerachtet dieser
Umstände bricht man Anfang August nach Schwaben
auf, und am 14. September wird Lotte in Ludwigsburg
von einem Sohn entbunden. Er erhält den Namen Karl
Friedrich Ludwig (1793–1857) und ihm werden noch
drei weitere Kinder folgen: Ernst Friedrich Wilhelm
(1796–1841), Caroline Henriette Luise (1799–1850) und
Emilie Henriette Luise (1804–1872).

Die Reise nach Schwaben hatte gemischte Gefühle
hinterlassen. Man feierte den 70. Geburtstag des Vaters,
man feierte Weihnachten zusammen mit den Eltern,
der Schwägerin Caroline und dem kleinen Söhnchen,
und man traf alte Freunde. Die Schillers blieben bis
Anfang Mai; dann traten sie die Heimreise nach Jena
an. Dem Dichter waren die heimatlichen Verhältnisse
doch fremd geworden, und auch in Jena veränderte die
Begegnung mit Goethe am 20. Juli 1794 sein geistiges
Umfeld. Vom 14. bis zum 27. September war er zu Gast
bei Goethe in Weimar. Schiller hatte ihn endlich in seine
Umarmung gezwungen.

Unter dem Stichwort »Glückliches Ereignis« hielt
Goethe fest, dass die Begegnung mit Schiller und das
sich entwickelnde Verhältnis zu ihm alle seine Wünsche
und Hoffnungen übertraf, und ausdrücklich betont er
auch die Rolle Lottes in diesen neuen Beziehungen:
»seine Gattin, die ich von ihrer Kindheit auf zu lieben und zu schätzen gewohnt war, trug das Ihrige bei
zu dauerndem Verständnis, alle beiderseitigen Freunde
waren froh, und so besiegelten wir, durch den größten,

vielleicht nie ganz zu schlichtenden Wettkampf zwischen Objekt und Subjekt, einen Bund, der ununterbrochen gedauert, und für uns und andere manches Gute gewirkt hat.« – Mit Christiane Vulpius, Goethes unstandesgemäßer Liebschaft, hat sich Charlotte Schiller allerdings nie abgefunden. Sie hat sie auch als Gattin des Geheimrats, seit 1806, nie wirklich akzeptiert.

Auch wenn August Wilhelm Schlegel parodistisch gegen Schillers Gedicht *Würde der Frauen*, das 1795 im *Musen-Almanach für das Jahr 1796* erschien, gewütet hat, die Umgebung der Schillers wusste sehr genau, dass das Gedicht auch eine Dankadresse für sein »Lollochen« war. Die Patentante Charlotte von Stein und viele andere sahen es so, und Lotte Schiller zierte sich nicht, diese Würde offensiv zu behaupten, denn

> »(…) zufrieden mit stillerem Ruhme,
> Brechen die Frauen des Augenblicks Blume,
> Pflegen sie sorgsam mit liebendem Fleiß,
> Freier in ihrem gebundenen Wirken,
> Reicher, als er in des Denkens Bezirken
> Und in der Dichtung unendlichem Kreis.«

Der äußerlich relativ ruhige und doch höchst produktive Gang der Jenaer Jahre bis 1799 ließ schon des Längeren den Gedanken aufkommen, nach Weimar zu übersiedeln. Besonders nach dem Wegzug der Humboldts aus Jena, mit denen die Schillers in engem Kontakt lebten, wurde das Leben vor Ort eintönig. Die neuen dramatischen Pläne und der fertige *Wallenstein* verstärkten diese Überlegungen, denn es lockten günstige Aussichten an der Weimarer Bühne unter dem Intendanten Goethe. Nach Charlottes überstandenem schweren Wochenbett im Oktober 1799 zog man am 3. Dezember nach Weimar um.

Es geschahen keine Wunder, die die Banalität des Alltags, die die Gleichförmigkeit des profanen Lebens außer Kraft gesetzt hätten. Schiller kränkelte, die drei Kinder und der Haushalt forderten alle Kraft, und dennoch ließ sich Charlotte davon nicht gänzlich unterkriegen. Sie war eine Vielleserin, die auch Literarisches zu Papier brachte und ihre Französischkenntnisse in Übersetzungen erprobte. Schiller seinerseits schien die Nähe des Theaters dramatisch zu beflügeln. Was in den fünf Weimarer Jahren entstand, ist schier unglaublich – und forderte natürlich seinen Tribut: *Maria Stuart* (1800), *Die Jungfrau von Orleans* (1801), *Die Braut von Messina* (1803), *Wilhelm Tell* (1804), diverse Bühnenbearbeitungen und der Beginn des *Demetrius*.

Das neue Haus, das am 29. April 1802 an der Esplanade bezogen wurde, die Erhebung in den erblichen Adelsstand – Lolo freute sich darüber ganz besonders, weil sie nun wieder nobilitiert war –, der begeisterte Empfang 1804 in Berlin anlässlich der Aufführung der *Jungfrau von Orleans* gaben den Schillers das Gefühl, endlich in gesicherten und standesgemäßen Verhältnissen angelangt zu sein. Alles zielte nun auf Absicherung der Verhältnisse bei genau kalkuliertem Arbeitseinsatz bis in sein fünfzigstes Lebensjahr.

Das Erwartbare bei Schillers ständiger Überbelas-

tung wurde nicht erwartet, weil es so alltäglich war, dass
es am Ende doch wie eine große Überraschung kam.
Schiller bekam lebensbedrohliche Koliken, als Charlotte von ihrem vierten Kind im Juli 1804 entbunden
wurde, doch er erholte sich. Ende des Jahres begann er
wieder zu kränkeln. Trotz anhaltenden Katarrhs arbeitete er zu Jahresbeginn unermüdlich an der *Phädra* des
Racine und Johann Heinrich Voß d.J. findet Schiller
am 8./9. Februar mit einem heftigen Fieberanfall in seinem Zimmer vor. Am 1. Mai überfällt den Dichter ein
Schüttelfrost in seiner Theaterloge; er hat starken Hus-
ten und heftiges Katarrhfieber.

Aus der umgekehrten Perspektive: Schillers Gesun-
dung macht leichte Fortschritte; er ist wieder recht ordentlich bei Gesundheit und Tätigkeit. Im März 1805
schwindet das Fieber und man verzeichnet eine schnelle
Zunahme der Kräfte. Mit dem eintretenden Frühjahr
schöpft Schiller neue Lebensfreude. Am 1. Mai setzen
sogar die sonst üblichen Schmerzen an der linken Seite aus. Am 8. Mai antwortet er seiner Schwägerin, die
wie üblich zu seiner Pflege anwesend ist, auf die Frage,
wie es ihm gehe: »Immer besser, immer heitrer.« – »Ich
fühlte«, fährt sie fort, »daß er dies ganz in Bezug auf seinen innern Zustand sagte. Es waren die letzten an mich
gerichteten Worte, die ich von den teuern Lippen ver-
nahm.« Am 9. Mai stirbt Schiller um Viertel vor sechs
Uhr abends.

Weder Caroline noch Charlotte mochten bis zum
letzten Augenblick glauben, dass kommt, was kommen
musste. Charlotte schreibt am 9. Mai 1805 an Fritz von

Stein: »Ich sank an seinen Kopf, und er küßte mich. Dies
war das letzte Zeichen seiner Besinnung; ich aber schöpf-
te Hoffnung daraus. Indem ich mit meiner Schwester
im Nebenzimmer sitze und sage, daß ich diesmal doch
seiner guten Natur traute, so ruft uns der Bediente, der
letzte Augenblick nahe, ach, vergebens wollte ich seine
kalte Hand erwärmen, es war umsonst.«

\* \* \*

Charlotte von Schiller starb drei Jahre nach ihrer Mutter
am 9. Juli 1826 in Bonn, nach einer erfolgreichen Opera-
tion am »Grauen Star« durch den berühmten Augenarzt
Prof. Dr. Walther, an einem Nervenschlag. Sie, die neben
Schiller auf dem neuen Weimarer Kirchhof begraben
sein wollte, fand weit entfernt davon auf dem »Alten
Friedhof« in Bonn ihre letzte Ruhestätte, zusammen mit
ihrem zweiten Sohn Ernst von Schiller. Eine Inschrift
zitiert leicht variierend eine Doppelzeile aus Schillers
Elegie *Der Genius*:

> »Muß ich wandeln den nächtlichen Weg, mir
> graut, ich bekenn es.
> Wandeln will ich ihn gern, führt er zu Wahrheit
> und Recht.«

Caroline von Wolzogen, ihre Schwester, wurde 1809
Witwe und verlor ihren Sohn an seinem 30. Geburtstag
am 10. September 1825 bei einem Reitunfall. In zwei
stattlichen Teilbänden erschien 1830 die Lebensbe-

schreibung ihres geliebten Schwagers im Cotta Verlag in Stuttgart unter dem Titel: *Schillers Leben, verfaßt aus Erinnerungen der Familie, seinen eigenen Briefen und den Nachrichten seines Freundes Körner.* Sie selbst starb, ihren Gatten und ihren Sohn Jahrzehnte überlebend, am 11. Januar 1847.

*Maria Stuart*
# Maria Stuart
## (1801)

Neben dem *Wallenstein* ist Schiller in seinem Trauerspiel *Maria Stuart* historischer Wahrheit und Wirklichkeit wohl am meisten verpflichtet. Der Feldherr und die Königin sind in ihren biographischen Umrissen deutlicher auszumachen als die Charaktere der eher legendenhaften Jungfrau von Orleans oder des sagenumwobenen Wilhelm Tell. Gleichwohl, oder gerade deshalb, gestattet sich Schiller, von seiner poetischen Freiheit weidlich Gebrauch zu machen. Dort ein erfundenes Liebespaar, hier eine Begegnung zweier Königinnen als Kernszene des Dramas, die es nie gegeben hat. Schiller will, so schreibt er am 19. Juli 1799 an Goethe, »den poetischen Kampf mit dem historischen Stoff« bestehen und seiner »Phantasie eine Freiheit über die Geschichte verschaffen«.

Zu dieser Freiheit gehört es wohl auch, dass er uns bei seiner offensichtlichen Parteinahme für die Titelheldin, die sicherlich nicht historische Gerechtigkeit walten lässt, mit dem Zauber seiner Poesie besticht. Alles Licht fällt auf die unglückliche schottische Königin, aller Schatten auf die nicht minder unglückliche englische Königin. Ihr Gewinn bei der Sache ist ihr Unglück, und er befördert unsere Abneigung, Marias Verlust ist ihr Unglück, und er erweckt unsere Sympathie, unser Mitgefühl. Wir leiden mit ihr, obwohl uns der Dichter ihre Vergehen nicht verschweigt. Selbst in ihren Hass- und Rachegefühlen gegenüber der Rivalin um Thron und Liebe weiß er uns an die Hand zu nehmen; sie erscheint in solcher Gebrochenheit umso verführerischer, weil wir diese Regungen aus der Perspektive des Opfers, eines unschuldigen Opfers gar, durchaus als verständlich respektieren.

Und ein Opfer ist Maria Stuart von allem Anfang an. Schiller hat den historischen Stoff nicht gewaltsam den Erfordernissen einer klassisch-dramatischen Einheitenlehre unterworfen, sondern er nutzte deren Forderungen, um dem Stoff seine geschichtsphilosophischen Offenbarungen zugunsten eines ästhetischen Ideals sanft abzutrotzen. Er konzentrierte sich völlig auf den Punkt, an dem der Stoff nur noch eine historische Sekunde vor dem Ziel steht. Nur da, wo Maria alle Handlungsfreiheit genommen war, konnte er sie zum »ästhetischen Ideal« erheben, wie er es in seiner Abhandlung *Über Anmut und Würde* von 1793 entworfen hatte.

Maria verkörpert in Schillers Darstellung dieses Ideal als »schöne Seele«, indem er sie in ihrem Akt der Selbstbefreiung sinnlich äußere Schönheit, innere Seelengröße und moralische Schönheit zur Deckung bringen lässt. Natürlich geschieht dies zu »guter« Letzt in der sakramentalen Überhöhung, in der Darstellung einer förmlichen und als kühn und anstößig empfundenen katholischen Kommunion unter beiderlei Gestalt. Aber dieser Szene korrespondiert eine empfindsamere Variante, in der der Vorgang der Selbstbefreiung in einem weit günstigeren Lichte präfiguriert wird.

In der Szene zu Beginn des dritten Akts, in der Maria wie von ungefähr auf Elisabeth treffen soll – sie weiß von dieser von Leicester arrangierten Begegnung nichts –,

darf die Eingekerkerte endlich einen Spaziergang im
Park machen. Über die Szene legt Schiller den rührenden Glanz seiner Poesie und zeigt uns Maria aller irdi-
schen Güter und Gedanken ledig, wie sie ohne die düs-
teren Schatten des Todes die Sphäre des Vergänglichen in
Heiterkeit zu überwinden vermag. Ihre treue Dienerin
kann ihr kaum folgen, so beflügelt sie die neue Freiheit;
in vollen Zügen trinkt sie die himmlische Luft. Die Ein-
schränkungen der Dienerin – »Euer Kerker / Ist nur um
ein klein weniges erweitert« – deutet sie sich zu süßen
Hoffnungzeichen um. Sie dankt den Bäumen, die ihr
die Kerkermauern verstecken; sie träumt sich beim Anblick der Wolken die Wirklichkeit in Freiheit um.

> Ich will mich frei und glücklich träumen,
> Warum aus meinem süßen Wahn mich wecken?
> Umfängt mich nicht der weite Himmelsschoos?
> Die Blicke, frei und fessellos,
> Ergehen sich in ungemeßnen Räumen. (III,1)

Der Traum von Freiheit ist der Sehnsucht nach Erlösung
nicht unähnlich, abzüglich einer gewissen Läuterung
und Buße, die die harte Wirklichkeit zu »guter« Letzt
doch fordert. Er wirkt sehr romantisch und erinnert
nicht nur an die Apotheose der Jungfrau von Orleans –
»Wie wird mir – Leichte Wolken heben mich« – oder lässt
an das Vermächtnis der Marfa im *Demetrius* denken –
»beflügelt send ichs in des Himmels Höhn« –, sondern
der Traum vermag alle Vorzeichen der Ewigkeit im Vor-
griff auf Novalis bis Eichendorff zu beschwören: »Und

meine Seele spannte weit ihre Flügel aus / flog durch die
stillen Lande / als flöge sie nach Haus.«

> Eilende Wolken! Segler der Lüfte!
> Wer mit euch wanderte, mit euch schiffte!
> Grüßet mir freundlich mein Jugendland!
> Ich bin gefangen, ich bin in Banden,
> Ach, ich hab' keinen andern Gesandten!
> Frei in Lüften ist eure Bahn,
> Ihr seid nicht dieser Königin unterthan. (III,1)

*Königin Elisabeth*
# Maria Stuart
## (1801)

Nicht das letzte Wort, aber die letzte Szene gehört gewöhnlich der Titelfigur: *er stirbt; er erdolcht sich; sie fällt und stirbt; sinkt unter; mit brechender Stimme; sie sinkt tot darauf nieder* etc. Es gibt viele Variationen letzter Szenen.

In *Maria Stuart* gehört die letzte Szene, gehören die letzten fünf Szenen der Siegerin. Wir wissen, dass die Titelheldin tot ist, aber wir haben sie nicht unter dem Schafott sterben sehen, sondern ihren Tod in einer klassischen Mauerschau unsichtbar und doch hautnah miterlebt. Wir sehen Leicester die unsichtbare Handlung kommentieren, an der entscheidenden Stelle eine Weile innehalten und dann *»plötzlich mit einer zuckenden Bewegung zusammenfahren, und ohnmächtig niedersinken«*. Mit diesem 10. Auftritt des fünften Akts ist wohl das Trauerspiel *Maria Stuart* zu Ende, nicht aber das Drama um Königin Elisabeth.

Was wir wissen, weiß Elisabeth noch nicht. Sie weiß es nicht, weil sie einsam ist; das ist wie bei Philipp im *Dom Karlos* eine Folge des Herrscheramts, das sie nicht liebt. Dieses Amt fordert von ihr einen Preis, den sie eigentlich nicht zu zahlen bereit ist. Zum einen fordert man ihre jungfräuliche Freiheit und zum anderen das Blut der Stuart: Beides soll sie geben. Einsam zeigt sie die elfte Szene des fünften Akts:

Noch Niemand hier – Noch keine Botschaft –
                                              Will es
Nicht Abend werden? Steht die Sonne fest
In ihrem himmlischen Lauf? – Ich soll noch länger
Auf dieser Folter der Erwartung liegen.
– *Ist* es geschehen? Ist es *nicht*? – Mir graut
Vor beidem, und ich wage nicht zu fragen!
Graf Lester zeigt sich nicht, auch Burleigh nicht,
Die ich ernannt, das Urteil zu vollstrecken.

Einsam bleibt sie im nächsten Auftritt, der einem sub-
alternen Pagen gehört. Er vermeldet, dass Graf Leicester und der Großschatzmeister Burleigh die Stadt verlassen haben. Das gibt ihr zwar Gewissheit, dass Maria
tot ist, aber der Triumph bricht sofort kläglich in sich
zusammen.

Jetzt endlich hab' ich Raum auf dieser Erde.
– Was zittr' ich? Was ergreift mich diese Angst?

Es ist nicht nur die Angst, das Bluturteil verantwor-
ten zu müssen, sondern die Angst, die Schuld in ihrer
Einsamkeit mit niemandem teilen zu können. Sie be-
fiehlt, ihren Schreiber und den Grafen Shrewsbury zu
holen, der zwar augenblicklich zur Stelle ist, der aber
immer der Anwalt Marias war. Und ausgerechnet er
bringt die Botschaft, dass die Aussagen, mit denen man
Marias Todesurteil begründet hatte, eben als Lüge ent-
larvt wurden. Er bittet um Aufschub und neue Untersuchung und macht die Königin noch einsamer, weil ihr

dies augenblicklich bewusst macht, dass sich der Einzige ihr verbliebene treue Diener, Graf Shrewsbury, jetzt nicht mehr zum Vertrauten, gar zum Freunde gewinnen lässt. Das Geständnis des Schreibers im 14. Auftritt, er habe das Urteil längstens zum Vollzug weitergegeben, macht schlagartig klar, dass Elisabeths Einsamkeit nun zwangsläufig ihr Schicksal wird.

Im letzten Auftritt überstürzen sich die Abgänge. Baron von Burleigh ist, kaum dass er auftritt, in die Verbannung geschickt; der Schreiber wird zur Rechenschaft gezogen und wäre ohnehin die untaugliche Person, um mit einer Königin die Schuld zu teilen. Der edle Shrewsbury, den Elisabeth unbedingt halten will, bittet um Entlassung. Verlassen werden wird nun zum Schreckgespenst Elisabeths, und als der Graf von Kent den letzten Rettungsanker, Graf Leicester, als nach Frankreich geflohen vermeldet, fällt der Vorhang. Ihr Urteil ist gesprochen und lautet: lebenslange Einsamkeit. Gemieden wird sie sein von allen, nur nicht von Maria, von der sie auch nach ihrem Tode nicht freikommen wird. Wie es war, wird es auch bleiben:

> – Sie ist die Furie meines Lebens! Mir
> Ein Plagegeist vom Schicksal angeheftet.
> Wo ich mir eine Freude, eine Hoffnung
> Gepflanzt, da liegt die Höllenschlange mir
> Im Wege. Sie entreißt mir den Geliebten,
> Den Bräut'gam raubt sie mir! *Maria Stuart*,
> Heißt jedes Unglück, das mich niederschlägt!
> (IV,10)

## *Johanna*
## Die Jungfrau von Orleans
## (1801)

Der Herzog und das Weimarer Publikum erwarteten, als Schiller im April 1801 nach etwa zehn intensiven Arbeitsmonaten ein Stück über die Jungfrau von Orleans vorlegte, ein Stück nach Art des Voltaire und reagierten zunächst ablehnend. Der Spötter und Zyniker hatte das Mädchen aus Domrémy in seinem Epos *La Pucelle d'Orléans* hart hergenommen, und ganz Weimar war mit dem Werk vertraut. Doch das war Schillers Absicht nicht. Er sah in Voltaires nahe am Pornographischen angesiedelter Version, in der ein vaterländischer Krieg um die Jungfräulichkeit der Jungfrau parodiert wird, das edle Bild des Mädchens schwer beschädigt. In seinem Gedicht von 1802 trägt Schiller noch einmal seine Absicht vor:

*Das Mädchen von Orleans*

Das edle Bild der Menschheit zu verhöhnen,
Im tiefsten Staube wälzte dich der Spott,
Krieg führt der Witz auf ewig mit dem Schönen,
Er glaubt nicht an den Engel und den Gott,
Dem Herzen will er seine Schätze rauben,
Den Wahn bekriegt er und verletzt den Glauben.

Doch, wie du selbst, aus kindlichem Geschlechte,
Selbst eine fromme Schäferin wie du,
Reicht dir die Dichtkunst ihre Götterrechte,
Schwingt sich mit dir den ewgen Sternen zu,

Mit einer Glorie hat sie dich umgeben,
Dich schuf das Herz, du wirst unsterblich leben.

Es liebt die Welt, das Strahlende zu schwärzen
Und das Erhabne in den Staub zu ziehn,
Doch fürchte nicht! Es gibt noch schöne Herzen,
Die für das Hohe, Herrliche entglühn,
Den lauten Markt mag Momus unterhalten,
Ein edler Sinn liebt edlere Gestalten.

Der Gott des Spottes war nicht Schillers Sache, und die
Angst des Herzogs eine eher peinliche Fehleinschätzung,
wie sie mitunter von Politikern in Sachen Kunst und Literatur bis heute vorschnell immer noch produziert wird.
Für Schiller war nach den historischen Stoffen in *Wallenstein* und *Maria Stuart* der neue weit beglückender,
weil »poetisch in vorzüglichem Grade … und in hohem
Grade rührend«. So äußerte sich Schiller am 28. Juli 1800
gegenüber Körner, und an dieser Grundeinschätzung hat
sich nichts geändert. Die Leitvokabel für die Figur der
Johanna ist, wie das Gedicht sagt, der »Engel«, seine Er-
habenheit, das Hohe, das Herrliche, das Schöne, wie es
sich an ihrem Beispiel aus kindlich frommem Ursprung
zu leuchtender ewiger Glorie erhob.

Damit ist auch Schillers Dramaturgie bestimmt, die
diese Erhebung in der Anlage seines Stücks nachvoll-
zieht. Anders als bei *Maria Stuart* ist es nicht die konzentrierte historische Sekunde gemäß der Einheiten-
regel, sondern schon eher das episierende Prinzip des
Bilderbogens, der das Stück zusammenhält: Das ist keine

strenge klassische Einheit mehr, sondern wie auch im Stoff und seiner Behandlung eine Auflösung ins Romantische. Was Schiller früher an Goethes *Egmont* so hart kritisierte, aus den rührendsten Situationen mit einem Salto mortale in eine romantische Oper, einen Traum versetzt zu werden, das macht er hier besser, als Goethe es je gemacht hat, zur dramatischen Struktur. Dem langen Vorspiel, hier Prolog genannt – klassische Entwürfe brauchen in der Regel keine Vorrede, kein Vorspiel, weil sie in ihrer eigenen Voraussetzung begründet sind –, folgt eine lose Bilderflut selbstständiger Handlungsmomente in wechselnden Lagern und auf fast ununterscheidbaren öden Schlachtfeldern. Die spektakulärste Szene in diesen Operntableaus ist die Krönung vor der Kathedralkirche in Reims – die Inszenierung Ifflands in Berlin war gänzlich auf diesen Effekt hin angelegt –, von der die Handlung dann schnell abstürzend in das apotheotische Finale jagt. Vielleicht war es nicht zuletzt diese poetische Selbstkorrektur seiner *Egmont*-Kritik, die Goethe seinerseits zu dem Urteil über die *Jungfrau* veranlasste, es sei Schillers bestes Werk (an Körner am 13. Mai 1801).

Schillers epischer Anlage des Geschehens entspricht die Anlage der Figuren, die sich einerseits sprunghafter erklären müssen, die andererseits, um ihre personale Einheit nicht zu zerstören, durch ein anderes Prinzip zusammengehalten werden müssen: Es waltet eine einheitstiftende Symbolik; für die Handlung bedeutet das, es unterliegt einem geschichtsphilosophischen Konzept, dem vom Dreischritt der Geschichte: Aus paradiesisch uranfänglich unschuldig goldenen Zeiten geht der Weg

durch die Sandebenen der Geschichte ins neu zu er-
obernde Heil, in die Glorie jenseits der Geschichte, in
die Zeit nach der Zeit.

Für das Personal, für Johanna bedeutet das Walten einer einheitstiftenden Symbolik, dass sie Schillers ideales
Mädchen werden konnte, durch das er im naiven Bild
einerseits den Weg vom Kind zum Engel zeigen konnte,
andererseits aber auch, dass sich im theoretischen Konzept der Weg der Freiheit wie der Weg der Vernunft
durch die Geschichte idealtypisch beschreiben ließ.
Schiller liebte solche Frauen, obwohl er im wirklichen
Leben der Verklärung eher auswich. Im Drama ist das
Kind, die Jungfrau, die der Versuchung erliegende Frau,
die sich selbst rettende Märtyrerin aber ein unbedingtes
Objekt seiner poetischen Begierde. Nicht die Befreiung
des Vaterlandes, keine genuin politische Idee – und für
heutige aktualisierende Inszenierungen keine Vorstellung einer emanzipierten Powerfrau – liegt der Johanna zugrunde, sondern die Aufhellung der politischen
Wirklichkeit durch die Macht des Wunderbaren. Das
allein hätte einen Missbrauch durch die Nationalsozia-
listen nicht gehindert, aber die platte politische Lesart
hat das Drama mit der französischen Nationalheldin,
die die fremden Invasoren aus dem Vaterland vertreibt,
nach 1939 von den deutschen Spielplänen verschwinden
lassen.

Das Titelkupfer der Erstausgabe, die helmbewehrte
Minerva oder Pallas Athene, die Schiller dem Verleger
Unger am 28. November 1800 vorschlug – »dazu paßt
nichts so sehr als eine Minerva« –, mochte nicht zuletzt

den Lesarten für die *Jungfrau* dienlich gewesen sein, hier ginge es um nichts als vaterländische Ideale und nationalistisches Säbelgerassel. Aber das Titelkupfer ist in seiner Sinnbildhaftigkeit für Johanna von ganz anderer Kategorie und muss mit Schillers *Ästhetischen Briefen* gegengelesen werden. Vaterland und Religion werden in dem Bild ästhetisch überhöht und lassen die mit goldenem Panzer und hellblitzendem Auge dargestellte Göttin zu einem Modell der Idee der Freiheit werden. Johanna kommt aus einer anderen Zeit und einer anderen Welt, aus jener schönen Welt, als noch die Götter – nicht die der Druidenkulte, sondern der antiken Kulte – die Natur belebten. Und nur der Dichter holt sie im Bilde des lieblichen Mädchens aus Domrémy in die Geschichte zurück, wo ihres Bleibens nicht ist. In dem Augenblick, in dem die Jungfrau menschlich wird, ist ihre Menschlichkeit verwirkt, weil für solche – die Liebe – kein Platz ist auf dem Schauplatze einer von Pflicht und Notwendigkeit regierten Welt. Neigung, gar Liebe ist ihr nicht gestattet, wie ihrem Folienbild, der athenischen Jungfrau, die nie eine Liebesbeziehung einging. Sie, Johanna, ging augenblicksweise eine solche ein, einen Liebesblick auf Lionel, und da wird sie zum gefallenen Engel. Aber anders als im christlichen Kosmos bekommen gefallene Engel in Schillers Theorie – wie später auch bei Kleist – die Chance zur Rehabilitierung – leider nur jenseits der Geschichte. Aber anders ging es in der wirklichen Geschichte auch nicht zu. Die verbrannte reale Jeanne d'Arc wird heiliggesprochen – spät, sehr spät: 1920. Schiller verzichtet auf die Verbrennung und spricht das Mädchen nicht im religiösen, wohl aber im ästhetischen Sinne heilig, indem er sie zum Engel macht, zu einem weiblichen Engel, den es im christlichen Kosmos gar nicht gibt. Besonders sollte man die Vergleichskopula »wie« in Schillers Text beachten. Damit wird der Engel mit seinem Flügelkleide wie das antike Sinnbild mit seinem goldenen Panzer ein *tertium comparationis* für den Menschen in seiner Menschlichkeit.

JOHANNA *(nachdem sie ihn lange starr angesehen.)*
  Nein, ich bin keine Zauberin! Gewiß
  Ich bin's nicht.
KÖNIG.          Du bist heilig wie die Engel,
  Doch unser Auge war mit Nacht bedeckt.

*Agnes Sorel*
# Die Jungfrau von Orleans
## (1801)

Agnes Sorel und Jeanne d'Arc waren beide in ähnlichem Alter. Um 1409/1422 geboren, passen sie geradezu ideal an den Hof Karls VII., der, 1403 geboren, nur einige Jahre älter ist. Schiller machte die beiden Mädchen gegen alle geschichtlichen Fakten zu Parallelfiguren in seinem dramatischen Schachspiel, in dem der König einem am französischen Minnewesen orientierten Liebeshof als Fürst der Liebe vorsteht. Dem Grafen Dunois stößt des Königs Gebaren sauer auf:

> Den König denk' ich kriegerisch gerüstet
> An seines Heeres Spitze schon zu finden,
> Und find' ihn – hier! umringt von Gaukelspielern
> Und Troubadours, spitzfind'ge Rätsel lösend
> Und der Sorel galante Feste gebend,
> Als waltete im Reich der tiefste Friede! (I,1)

Die historische wie die poetische Agnes Sorel passte in dieses Konzept, und auch die Schäferin und Jungfrau Johanna aus der arkadisch-ländlichen Gegend des Prologs, die mit ihrem Zauber- oder Feenbaum wenig mit dem wirklichen Domrémy zu tun hatte. An dem Liebeshof sollten neben edlen Rittern auch »keusche Frauen herrlich thronen« (I,2). Schillers König hat also ein offenes Ohr für die Jungfrau, und er sieht sie zusammen mit seiner Geliebten Agnes Sorel nicht ungern Macht und Gewalt auf das männliche Geschlecht ausüben.

Die beiden Mädchen wären, wie man heute sagen würde, rasch Freundinnen geworden, da Karl VII. ohnehin
die Weissagung, dass ihn ein Weib zum Sieger über alle
seine Feinde machen werde, gerne auf die eine wie auf
die andere bezieht. Agnes, kämpferischer von Schiller
angelegt als Karl, weiß sich mit der behelmten Jungfrau
durchaus einig, dass nur mit kühnem Anstand der Feind
zu besiegen ist. Die Jungfrau steht ihr nicht im Wege,
aber ein »heilges Mädchen«, ein »Engel« gar, das hält
sie doch auch auf Distanz. Als es aber um Fragen der
Liebe geht, als Dunois und La Hire völlig unerwartet
ihre Werbung um Johanna vortragen, ist sie, entschie-
dene Priesterin der Liebe, mit Rat zur Seite, und zwar
als Freundin und Schwester.

> SOREL *(tritt näher.)*
> Die edle Jungfrau seh ich überrascht,
> Und ihre Wangen färbt die zücht'ge Scham.
> Man geb' ihr Zeit, ihr Herz zu fragen, sich
> Der Freundin zu vertrauen und das Siegel
> Zu lösen von der fest verschloßnen Brust.
> Jetzt ist der Augenblick gekommen, wo
> Auch ich der strengen Jungfrau schwesterlich
> Mich nahen, ihr den treu verschwiegnen Busen
> Darbieten darf. – Man laß uns weiblich erst
> Das Weibliche bedenken und erwarte
> Was wir beschließen werden. (III, 4)

Johanna legt ein Veto ein. Das Erstaunen über die Jungfrau wächst darüber. Mehr fast als die Umstände ihrer

militärischen Siege macht ihre Aussage verwundern – Agnes Sorel, den König, die beiden Werber, selbst den Erzbischof –, keinem »irdschen Freunde« (III, 4) liebend angehören zu wollen. Befremden breitet sich aus in einer Gesellschaft, die sich eben die reine Minne und den Dienst der Frauen auf die Fahnen geschrieben hat. Agnes Sorel erschreckt dieser Zug an einer Frau, der sie sich durchaus ähnlich wähnt.

> SOREL. O könntest du ein Weib sein und empfinden!
>     Leg diese Rüstung ab, kein Krieg ist mehr,
>     Bekenne dich zum sanfteren Geschlechte!
>     Mein liebend Herz flieht scheu vor dir zurück,
>     So lange du der strengen Pallas gleichst. (IV,2)

Agnes kann nicht wissen, was wir schon wissen: dass Johannas Herz nicht kalt ist. Schwankend zwischen Liebe und Mitleid hat sie, dem edlen Lionel ins Auge blickend, dessen Leben geschont und damit ihr Schicksal herausgefordert. Dass es sich hier nicht um Sophismen handelt, um Scheinkonflikte, dazu bedarf es noch einiger Wendungen und des Absturzes der Jungfrau in Verzweiflung und Tod. Agnes Sorel begleitet sie dabei und beginnt zunehmend zu begreifen, was das Wesen der Jungfrau ausmacht und was die Liebe im Innersten ist. Zwar sagt ihr die Jungfrau, dass das »Fest des Reichs«, die Krönung in Reims, »ihrer Liebe Fest« mit ihrem geliebten König sei (IV,2), aber als sie Johannas Verzweiflung bemerkt, bemerkt auch sie, dass die menschliche Liebe nicht alles ist, dass es eine Mission gibt, die jenseits der sanften

Regungen ihres weiblichen Herzens Forderungen an
die geliebte Schwester stellt. Solchen Forderungen zu
genügen, war nie ihre Sache, eine Ahnung aber von der
die Liebe durch das Heilige läuternden Bestimmung der
Jungfrau wird sich ihr offenbaren.

> SOREL.       Du erschreckst mich, ich begreife
>     Dich nicht, doch ich begriff dich nie – und stets
>     Verhüllt war mir dein dunkel tiefes Wesen.
>     Wer möcht' es fassen, was dein heilig Herz,
>     Der reinen Seele Zartgefühl erschreckt! (IV,3)

# Kunigunde Sophie Ludovike Simanowiz
## geb. Reichenbach
## 1759–1827

Am 24. Juni 1793 bedankt sich Schiller bei der Künstlerin Ludovike Simanowiz für das Bild seiner Mutter. Er habe sie in diesem Bilde vollkommen wiedergefunden. Gleichzeitig äußert er den »unbescheidenen Wunsch« um ein Pendant mit dem Porträt seines Vaters. Schiller bekommt das Bild umgehend zu seinem 34. Geburtstag, den er im November 1793 in der alten Heimat feiert. Im Jahr darauf erhält er sein eigenes Porträt von der Hand der »geschickten Meisterin«, und wiederum bittet er die Landsmännin um ein Pendant – diesmal um ein Bild von seiner Frau.

Ludovike Simanowiz, die von Schiller förmlich mit »Sie« angesprochen wird, »Madame« und »Ew. Wohlgebohren« genannt wird, kannte er seit seinen Kindertagen. Beide waren gleichaltrig. Sie war die Tochter des Regimentfeldschers Jeremias Friedrich Reichenbach; dieser war ein Kollege von Schillers Vater, und in Ludwigsburg lebte man in engster Nachbarschaft nebeneinander. Ludovike und Schillers Schwester Christophine – auch sie ein bildnerisch begabtes Kind – konnten spielerisch wetteifernd ihr Talent entwickeln. Während jedoch Ludovike nach ihrer Konfirmation in Stuttgart eine professionelle Ausbildung erhielt, musste Christophine ihr Talent autodidaktisch weiterentwickeln.

Ludovike konzentrierte ihr Zeichen- und Maltalent bald auf die Porträtmalerei, die sie in den Jahren von 1787 bis 1789 in Paris perfektionierte. Wieder zurück in Stuttgart heiratete sie 1791 den Lieutenant Franz Johann Simanowiz. Unerachtet der ehelichen Bindung, die kinderlos blieb, ging sie bald darauf erneut nach Paris, musste die Stadt und das Land jedoch fluchtartig wieder verlassen. Sie hatte die Wirren und Gefahren im revolutionären Frankreich unterschätzt und lebte nun ernüchtert vom Verlaufe der Revolution in Schwaben, wo ihr Schiller, der von der französischen Nationalversammlung frisch ernannte »citoyen français«, im Frühjahr 1794 Porträt saß. Man hat sich dabei vermutlich gut über die Pariser Verhältnisse unterhalten, auch wenn es Schiller sehr schwerfiel stillzusitzen.

Mit den Porträts der Familie Schiller – auch die Schwestern Nanette und Christophine bekamen ihr Porträt – hat sich Ludovike Simanowiz bis heute für die breite Öffentlichkeit als bedeutende Künstlerin bekannt gemacht. Ihr ferneres Leben verdüsterte sich allerdings sehr, als Franz Simanowiz 1799 einen schweren Schlaganfall erlitt. Sie pflegte den gelähmten Mann 28 Jahre lang und sorgte gleichzeitig durch ihre Kunst für den gemeinsamen Unterhalt. Nur wenige Monate nach seinem Tod folgte sie ihm ins Grab, das auf dem Alten Friedhof in Ludwigsburg zu finden ist.

*Turandot*
# Turandot
## (1802)

Zu den Bühnenbearbeitungen Schillers, die auf dem Weimarer Theater mit mehr oder weniger großem Erfolg inszeniert wurden, gehören eine Fassung von Goethes *Egmont*, die Übersetzung und Bearbeitung von Shakespeares *Macbeth* und die Nachdichtung des 1762 erschienenen tragikomischen Märchens *Turandot* von Carlo Gozzi. Auch wenn sich Schiller eng an den Aufbau des italienischen Märchendramas hielt, wurde seine Jambenfassung doch ein Werk von sehr eigenständigem Charakter. Schiller verwandelte das der Tradition der Commedia dell'Arte verpflichtete Stück in ein psychologisierendes Drama »von Scham und Wut / Und von des Stolzes und der Liebe Streit«. (III,1)

Im Reigen der Schiller'schen Frauen stellt die Figur der Turandot mithin keine Wiederholung dar, sondern jenseits der bloß launischen Figur bei Gozzi wird Turandot bei Schiller ein faszinierender Charakter, dessen Komplexität die Oper von Giacomo Puccini erneut bestätigte. Als der Dichter Ende Oktober 1801 mit der Arbeit beginnt, ist ihm klar, dass er das Drama Gozzis und seine Titelfigur wie schon in der *Jungfrau von Orleans* nur durch die Betonung des Romantischen ins Zeitgenössische verwandeln konnte. Das ergab für die ernsten Figuren eine poetische Steigerung. Das Verfahren hatte jedoch auch seinen Preis, denn die Figuren der italienischen Commedia wurden durch ihre Literarisierung eher flach und unkomödiantisch.

Stolz und unnahbar erscheint Turandot und mithin geheimnisvoll und für Prinz Kalaf aufreizend verführerisch und betörend. Die geköpften Freier, die die Rätsel der chinesischen Prinzessin nicht lösen konnten, schrecken ihn nicht von seinem Vorhaben einer Werbung um sie ab. Im Unterschied zu diversen literarischen Schwestern der Turandot, die sich in tragischer oder komischer Weise gegen ihre Eroberung durch körperliche Stärke und Kraft zur Wehr setzen, fordert die Prinzessin ihre potenziellen Eroberer aber mit geistigen Waffen heraus. Ihre Rätsel haben es in sich, und Goethe und Schiller wetteiferten, die Weimarer Aufführungen mit jeweils neuen zu versorgen.

Kalaf gelingt es zum Entsetzen der Prinzessin, ihre Rätsel zu lösen; er überwindet die aus mythischen und märchenhaften Schichten überlieferte männerfeindliche Jungfrau, aus der Schiller eine Frau nach seiner eigenen Sicht der Dinge macht. Es ist die Versklavung der Frau, gegen die Turandot auch argumentativ auftritt:

> TURANDOT. – Ich bin nicht grausam. Frei nur will
>                                         ich leben.
> Bloß keines andern will ich sein; dies Recht
> Das auch dem Allerniedrigsten der Menschen
> Im Leib der Mutter anerschaffen ist,
> Will ich behaupten, eine Kaisers Tochter.
> Ich sehe durch ganz Asien das Weib
> Erniedrigt, und zum Sklavenjoch verdammt,
> Und rächen will ich mein beleidigtes Geschlecht
> An diesem stolzen Männervolke, dem

Kein andrer Vorzug vor dem zärtern Weibe
Als rohe Stärke ward. Zur Waffe gab
Natur mir den erfindenden Verstand,
Und Scharfsinn, meine Freiheit zu beschützen.
(II, 4)

Mit solchen Begriffen von aufgeklärter Selbstbestimmung und Freiheit kann sich Kalaf leichten Herzens einverstanden erklären. Aber Turandots Charakter ist gemischter Natur, und so paart sich ihre Rationalität auch mit einer Raserei der jungfräulichen Scham und eines weiblichen Stolzes, gegen die sich die Mittel der Klugheit, der Tapferkeit und der Ritterlichkeit Kalafs schnell erschöpfen. Turandots Hass ist grundsätzlicher Art und fordert einen mythisch-elementaren Kampf um der Widerspenstigen Zähmung.

TURANDOT.                                    Eh soll
    Die Welt zugrunde gehn! Verwegner, wisse!
    Ich hasse dich nur desto mehr, je mehr
    Du hoffst, mich zu besiegen, zu besitzen. (II, 4)

Den Thron konnte sich Kalaf gewinnen, aber Turandots Herz zu gewinnen bedarf es anderer Mittel. Es gilt, ihre Scham zu beschämen, um ihr Herz zu rühren. Auch sie muss ihn überwinden dürfen, muss sich vollkommen frei ihm, dem Würdigsten, schenken dürfen. Dazu braucht der Dramatiker Intrigen und eine exoterische Geschichte. Die zeichnete Schiller ganz im Einklang mit Gozzis Stück. Dann beginnt der Showdown, ein Hoch-

zeitsmarsch, so Pantalon, der Kanzler, der völlig einem
Leichenzuge gleicht. Turandot schleudert ihm seinen
Namen entgegen. Mit der Nennung ist sie freigekauft.
Aber gleichzeitig gibt sie sich geschlagen.

> TURANDOT. Ich weiß mein Herz nicht mehr vor
> ihm zu schützen. (V,2)

Nicht um der Gerechtigkeit willen, nicht um dem Ge-
setz zu genügen, sondern

> Um meinem eignen Herzen zu gehorchen,
> Schenk ich mich euch – Ach es war euer, gleich
> Im ersten Augenblick, da ich euch sah! (V,2)

Es war ein grausames Spiel, das die geheimnisvolle
Sphinx veranstaltet hat, aber es war ein Spiel, das den
Preis der Unterwerfung am Ende aus freien Stücken be-
zahlt, damit die Welt nicht zugrunde geht.

Anne Louise Germaine
Baronin von Staël-Holstein
geb. von Necker
1766–1817

»Schiller war der beste Freund, der beste Vater, der beste Gatte; diesem sanften, friedlichen Charakter, den nur das Talent in Glut brachte, fehlte keine gute Eigenschaft. Liebe zur Freiheit, Achtung vor den Frauen, Begeisterung für die schönen Künste und Verehrung für die Gottheit beseelten sein Genie«, schreibt eine Frau in einem Buch, das 1813 in London erschien und aus heutiger Sicht als ein Bestseller bezeichnet werden darf.

Schiller konnte dieses nicht mehr lesen; er wäre vermutlich mit der Würdigung seiner Person – anders als Goethe – einverstanden gewesen. Er hatte die Frau, Tochter des französischen Staats- und Finanzministers Jacques Necker, aber noch kennengelernt. Von Napoleon 1802 ins Exil getrieben – er ließ auch ihr Buch über Deutschland, *De l'Allemagne*, 1810 in Frankreich vernichten –, kam Madame de Staël auf ihrer Deutschlandtour am 14. Dezember 1803 nach Weimar. Man wusste um ihre Leidenschaften, wusste, dass sie vier – 1812 gebar sie noch einen Sohn – Kinder von verschiedenen Vätern hatte, dass sie seit einem Jahr Witwe war und dass die 38-jährige Frau eine – horribile dictu – Schriftstellerin war.

Man wusste auch, dass ihre Reise einen Zweck hatte, nämlich ein Buch über Deutschland zu schreiben, über seine Literatur und seine Schriftsteller. Wilhelm von Humboldt hatte sie in Paris dahingehend motiviert und ihr erste Umrisse und Namen vermittelt. Natürlich fiel auch Schillers Name. Der aber verhielt sich zunächst eher ablehnend, als Madame de Staël eintraf, weil ihm die Positionen – insbesondere ihre Verteidigung der französischen klassischen Bühne – gar nicht behagten. Er fühlte sich geradezu zu einem Duell deutsch-französischer Weltanschauungen herausgefordert, und es war ihm gar nicht bange, gegen sie aufzukommen, wenn da nicht ein Problem gewesen wäre. Madame sprach kein Deutsch, Schiller las zwar das Französische sehr gut, »hatte es aber nie gesprochen«, schreibt sie später in ihrem Buch. »Ich verfocht mit großer Hitze die Behauptung, daß unser dramatisches System allen andern überlegen sei. Er enthielt sich nicht, mich zu bekämpfen, und ohne sich durch die Schwierigkeiten und Hindernisse, welche die Darlegung seiner Gedanken in französischer Sprache ihm bereitete, anfechten zu lassen (…) entdeckte ich in dem, was Schiller sagte, bei all den Hindernissen, welche die Worte ihm bereiteten, so viel Ideen (…) daß ich von Stund' an eine mit tiefer Bewunderung gemischte Freundschaft zu ihm faßte«.

Schiller hätte, wenn er es denn gewusst hätte, gut damit leben können. Sicherlich, man hatte ordentlich Respekt voreinander, und Weimar lag der großen Vertreterin französischer Geistesbildung zu Füßen. Man fühlte sich in ihrer Anerkennung geschmeichelt, und auch Schiller überwand sein anfängliches Vorurteil und begegnete ihr mit wohlwollendem Interesse. Sie hat ihn ihrerseits hofiert und mit Einladungen überschüttet und Vorstellungen von *Wallensteins Lager*, *Maria Stuart*, *Die Jungfrau von Orleans* und *Die Braut von Messina* in Weimar besucht. Was sie dabei verstanden hat, war wohl eher dürftig, und als er Mitte Januar erfuhr, dass Madame noch weitere Wochen bleiben wollte, reagierte er entsetzt und fühlte sich wie auch Goethe belästigt. Je mehr sich die Weimarer Hofgesellschaft über die abwechslungsreichen Monate freute, desto mehr begann er über die harten Stunden zu klagen, die sie ihm bereitete. Sie erinnere ihn, so schreibt er, fatal an das Fass der Danaiden; die Auseinandersetzungen mit ihr scheinen ihm nutzlose und mühsame Arbeit, und als sie am 1. März Weimar wieder verlässt, wirft er ihr brieflich harte Worte hinterher: »auch ist mir«, schreibt er an Goethe um den 8. März, »nach der Abreise unsrer Freundin [Madame de Staël] nicht anders zu Mut, als wenn ich eine große Krankheit ausgestanden.« Gut, dass das Madame de Staël ihrerseits nicht mehr erfahren konnte; sie wäre sicherlich nicht erbaut gewesen und ihr Urteil über Schiller wäre wohl reservierter ausgefallen.

Die deutsche Ausgabe von *De l'Allemagne* erschien übrigens zeitgleich mit der französischen 1814 bei Brockhaus in Leipzig und übte auf das literarische Frankreich eine kaum zu überschätzende Wirkung aus.

*Donna Isabella*
Die Braut von Messina
(1803)

Unter den zahlreichen Frauen, die Schillers Palette entsprungen sind, gibt es im engeren Sinne nur zwei, die vorrangig als Mütter definiert sind und die als solche ihr Haus bestellen und regieren. Im *Wilhelm Tell* werden wir Hedwig, der Frau Tells und der Mutter zweier hoffnungsvoller Knaben begegnen, hier, in der *Braut von Messina*, lernen wir Donna Isabella, die Fürstin von Messina, kennen, die ihr Hauswesen bestellen muss. Auch sie hat zwei Söhne, die ihr das Anwesen aber – anders als im *Wilhelm Tell* – durch ihren Bruderhass in Schieflage gebracht haben. Der Begriff Hauswesen hat hier wie schon im *Dom Karlos* eine private wie eine öffentliche und politische Bedeutung, und damit ist auch dieses Stück Schillers mehr als nur ein Familiengemälde in einem fürstlichen Hause. Die Familienangelegenheiten sind Staatsangelegenheiten und die Ältesten Messinas sprechen eine deutliche Sprache.

> »– Du bist die Mutter! Wohl, so siehe zu,
> Wie du der Söhne blutgen Hader stillst.
> Was kümmert uns, die Friedlichen, der Zank
> Der Herrscher? Sollen wir zugrunde gehen,
> Weil deine Söhne wütend sich befehden?
> Wir wollen uns selbst raten ohne sie,
> Und einem andern Herrn uns übergeben,
> Der unser Bestes will und schaffen kann!«
> (V. 67 ff.)

Donna Isabellas Aufgabe ist nach dem Tode ihres Gatten nicht leicht, aber zunächst gelingt es ihr tatsächlich,
die feindlichen Brüder zu versöhnen und damit den
Forderungen der Ältesten Messinas Genüge zu leisten.
Über dem Stück bzw. über dem Hause Donna Isabellas schweben zwei widersprüchlich deutbare Orakel,
die auch durch den Tod des Vaters nicht aufgehoben
wurden. Dieser gab den Befehl, seine Tochter Beatrice,
die, so das eine Orakel, seine beiden Söhne töten werde,
nach der Geburt zu ermorden; aber die Fürstin konnte
das Kind heimlich retten und ließ es in einem Kloster
aufziehen, weil ihr die Prophezeiung eines Mönches
vorhersagte, dass ebendiese Tochter die feindlichen Brüder einstens liebend versöhnen werde.

Die Unausweichlichkeit des Schicksals besteht gerade
darin, dass nicht das eine Orakel gegen das andere obsiegt, sondern beide in Erfüllung gehen. Obwohl oder
gerade weil die Brüder durch ihre Mutter zu Beginn
des Stücks an der Bahre des toten Vaters versöhnt werden, ist das Schlimmste zu befürchten. Als am Ende der
Versöhnungsszene – das Stück war in der Urform ohne
Akteinteilung – der erste Chor mit einem Appell den
zweiten Chor zur Umarmung auffordert, weiß außer
der Königin niemand etwas von Beatrice, in deren Person sich alle Hoffnung und aller Fluch kristallisiert.

> Was stehen wir noch feindlich geschieden,
> Da die Fürsten sich liebend umfassen?
> Ihrem Beispiel folg ich und biete dir Frieden,
> Wollen *wir* einander denn ewig hassen?

Sind sie Brüder durch Blutes Bande,
Sind *wir* Bürger und Söhne von einem Lande.
    *(Beide Chöre umarmen sich)* (V. 524 ff.)

Während die Mutter glaubt, mit Geschick alles zum
Guten zu steuern, und nach der Versöhnung der Brüder ihnen das Geheimnis um ihre Schwester behut-
sam enthüllt, weitet sich das Drama symbolisch zum
Menschheitsdrama: Die Brüder haben die Schwester
vorab beide nicht als Schwester, sondern als Frau und
Geliebte gefunden und erobert. Das ist der Fluch der
widersprüchlichen Verfassung der Welt, dass sich Evas
Kinder als Brüder und Schwestern entdecken müssen,
wo sie sich doch als Mann und Frau begegnen wollen
und sollen. Dieser Konflikt ist nicht lösbar, nicht für
die Protagonisten des Stücks, nicht auf der Menschheit
lichten Höhen. Entsprechend ist die Struktur des Stücks
ein Teufelskreis, aus dem es kein Entrinnen gibt, denn
keines der vielen »wenn« und »aber«, der »hätte« und
»würde« vermag die Zwangsläufigkeit dieses Schicksals
zu stoppen, den Fluch des Hauswesens zu wenden, den
Knoten zu lösen, die gebrechliche Einrichtung der Welt
ins Lot zu bringen.

    Beide Brüder haben sich in dieselbe Frau verliebt, in
ihre Schwester. Don Cesar offenbart, dass er eine Geliebte habe: Beatrice. Don Manuel erklärt, seine Braut
vorstellen zu wollen: ebenfalls Beatrice. Die, die sie nach
dem Orakel liebend vereinen soll, wird durch ihre Existenz nun erst recht die Ursache des Untergangs des ganzen Geschlechts, denn anstatt dass die Brüder Beatrices

Schwesterschaft im Versöhnungswerk der Mutter akzeptieren, spielen sie nun einen Konflikt in erneutem Hass
und in Eifersucht zu Ende, über dessen Irrealität sich
Don Cesar erst nach der Ermordung seines Bruders Manuel nach und nach klar wird. Er sühnt seine Tat durch
Selbstmord, eine Gewalttat wiederum, die ihm die einzige Möglichkeit zu sein scheint, die Macht des Schicksals durch die Bestätigung ihrer Unaufhebbarkeit auf-
zuheben. Der Preis ist die endgültige Auslöschung des
Geschlechts. Am Ende des Stücks bleiben zwei Frauen
auf dem Schauplatz zurück, eine Mutter ohne Söhne,
eine Frau jenseits der Männer.

## *Beatrice*
## Die Braut von Messina
## (1803)

Ähnlich wie bei dem ausgesetzten Kind Ödipus lasten auf der Tochter des Fürstenpaares von Messina in Schillers Chordrama *Die Braut von Messina* Träume und diametral entgegengesetzt deutbare Prophezeiungen, die sie schicksalhaft bestimmen. Wie wir bereits gehört haben, soll Beatrice sofort nach der Geburt getötet werden, weil sie, die Schwester feindlicher Brüder, nach dem väterlichen Orakel deren Untergang sein soll. Die Mutter rettet sie heimlich, weil sie nach ihrem Orakel die Brüder in heißer Liebesglut wieder vereinen würde.

Beatrice tut das eine, sie tut das andere; sie ist die Ursache für den Untergang des ganzen Geschlechts, weil sich die beiden Brüder unabhängig voneinander in sie verlieben und sie nicht als ihre Schwester erkennen können und, was wichtiger ist, erkennen wollen. Sie spielen den Urkonflikt von Kain und Abel und den symbolisch-biblischen Grundkonflikt durch, dass sich die Menschheit im Bilde der Familie in einer schicksalhaften Inzestfalle bewegt. In Beatrice stellt uns Schillers hochpoetisch-lyrisches Chordrama dieses Dilemma der Menschheitsgeschichte als Familiengemälde dar.

Es ist auffällig, dass weder Don Manuel noch Don Cesar eigentlich wissen wollen, wen sie lieben. Wenn sie in Kain und Abel Urbilder haben – und ihr Konflikt erwächst aus dem Gegensatz ihrer Charaktere wie bei diesen –, dann wird die Nebenbuhlerschaft in der Liebe zu derselben Frau – die jüdischen und mohammedanischen

Legenden kennen dieses Motiv – nicht nur eine Hinter-
grundfolie für Schillers Stück, sondern zur zentralen und
unabweislichen Inzestfrage. Im symbolisch-geschlosse-
nen Kreis des Dramas, für den Schiller als Ort und Zeit
eine für das Christentum, die griechische Mythologie
und den Islam gleichermaßen passenden Schauplatz in
Messina fand, müssen die Protagonisten erkennen, dass
es außer der Schwester und der Mutter keine Frau auf der
Welt gibt, die ihnen Kinder schenken könnte.

Don Manuel weigert sich auffallend beharrlich, darüber Aufklärung zu erhalten, wer das Mädchen in dem
Kloster wirklich ist.

> Chor. Von diesem Alten hast du nichts erforscht?
>     Feigherzig und geschwätzig ist das Alter.
> Don Manuel. Nie wagt ichs, einer Neugier
>                                         nachzugeben,
>     Die mein verschwiegnes Glück gefährden konnte.
>     (V. 756 ff.)

Ebenso desinteressiert zeigt uns Schiller Don Cesar an
dieser elementaren Frage. Auch er verdrängt virtuos jeden Wusch nach Klärung der Herkunft von Braut und
neuer Fürstin, ein Vorgang, der doch ansonsten im aristokratischen Komment an oberster Stelle steht.

> Don Cesar. *(Er stellt sie dem Chor dar)*
>     Nicht forschen will ich, wer du bist – Ich will
>     Nur *dich* von *dir*, nichts frag ich nach dem andern.
>     (V. 1148 f.)

Und Beatrice selbst verschwendet ihrerseits keinen Gedanken an die Möglichkeit, dass ihre Liebe an das uni-
versale Tabu rühren könnte, das dem Musterbilde der
Ur- und Kernfamilie als Beispielfall der gesellschaftlichen Ordnung als unauflöslicher Widerspruch inne-
wohnt.

> BEATRICE. Ein ewig Rätsel bleiben will ich mir,
> Ich weiß genug, ich lebe *dir*! (V. 1055 f.)

Die Männer bezahlen die Lösung des Rätsels mit dem
Leben, die Frauen bleiben unerlöst mit der rhetorischen
Frage auf dem Schauplatz zurück:

> »Wann endlich wird der alte Fluch sich lösen,
> Der über diesem Hause lastend ruht?
> Mit meiner Hoffnung spielt ein tückisch Wesen,
> Und nimmer stillt sich seines Neides Wut.«
> (V. 1695 ff.)

Caroline Henriette Luise von Schiller
verh. Junot
1799–1850

Beinahe hätte das erste Mädchen der Schillers, das am 11. Oktober 1799 zur Welt kam, der Mutter das Leben gekostet. Die Geburt war schwer, vermeldet Schiller noch nachts um 12 Uhr der »chère mère«: »Es hat etwas lange gedauert, weil die Krämpfe stark waren und starke Kolikschmerzen eintraten; auch ist die gute Lolo durch vielen Blutverlust sehr geschwächt worden.« Das Kind war stark und gesund, aber das Wochenbett der Mutter zog sich unendlich lange zwischen fiebrigen Delirien und gänzlicher Apathie hin.

Charlotte erholte sich nur langsam, dabei stand eigentlich der Umzug der Schillers nach Weimar an. Lotte logierte mit Karl und dem kleinen Mädchen, das natürlich nach der Tante, nach Charlottes Schwester, nach Schillers Schwägerin Caroline von Wolzogen benannt wurde, die ersten Wochen bei Frau von Stein, ihrer Patentante. Schiller quartierte sich mit Ernst und den Dienstboten bereits in der neuen Wohnung ein. Zu den Taufpaten von Caroline gehörte der »Herr Geheim Rath von Göthe«.

Nun hatte Charlotte drei Kinder zu betreuen und nach den Grundsätzen der Erziehung, über die man sich im Hause Schiller sehr einig war, sollten die Kinder, anders als es der Vater erfahren musste, ohne Angst, Drohungen und Strafen aufwachsen. Besonders Caroline scheint diese Maximen verinnerlicht zu haben, denn sie arbeitete später als ausgebildete Erzieherin und gründete in den 30er-Jahren in Rudolstadt nicht nur eine höhere Mädchenschule, das sogenannte Schillerinstitut, sondern sie erheiratete sich relativ spät, mit 36 Jahren, sechs Kinder von dem verwitweten Bergrat Franz Karl Immanuel Junot (1785–1846). Ihr einziges gemeinsames Kind, Karl Felix Junot, geboren 1839, starb kurz nach seinem fünften Geburtstag. Sie selbst verstarb am 19. Dezember 1850 in Würzburg, wo sie ihre Schwester besuchte, und sie fand dort ihre letzte Ruhestätte auf dem Hauptfriedhof.

*Hedwig*
Wilhelm Tell
(1804)

Schillers letztes vollendetes Schauspiel strahlt unverfälschte Ursprünglichkeit aus. Und so wie Schiller das Geschehen in künstlerische Form bringt, wirkt es wie ein Gesang des Homer. In diesem »völlig local-charakteristischen Stoff«, so Schiller am 30. Oktober 1797 an Goethe, war der Kern gleichwohl von menschheitsgeschichtlicher Bedeutung. Der Ton des Gesangs war schlicht wie die Volkspoesie und ließ sich dennoch der Pracht seiner Sprache anverwandeln.

Was für den Stoff bezeichnend ist, hat auch Notwendigkeit für die Figuren. Natürlichkeit, Denkungsart und Empfindungsweise seiner Geschöpfe paart der Dichter in seltener Gestaltungskraft mit einer aufs Allgemeine weisenden Idee, und es ist bezeichnend, dass er im *Tell* vergleichsweise so sprichwörtlich wurde wie sonst nur noch im Populärsten aus seiner Feder, in den Balladen.

Die Eingangsszene des dritten Akts zeigt Schiller im Gespräch der Ehegatten Hedwig und Wilhelm Tell denn auch auf der Höhe seiner Kunst der zugespitzten und pointierten Wendungen. Sie fallen so selbstverständlich und natürlich und umhüllen die Charaktere bei scheinbarer Naivität und Ursprünglichkeit doch mit dem Anspruch allgemeiner Gültigkeit. Bei Hedwig, der Frau Tells, dem Prototyp der redlichen Hausfrau, Gattin und Mutter, sticht diese Gestaltungsqualität besonders ins Auge. Sie ist ja, wenn man die böse Kritik der Romantiker an Schillers Frauenbild zum Nennwert nehmen würde, neben der »züchtigen Hausfrau« und »Mutter der Kinder« aus dem *Lied von der Glocke* die einzige Frau Schillers, mit der er sich die Verspottung seines Frauenbildes wirklich hätte verdienen können. Nur diese beiden »stricken«, wie August Wilhelm Schlegel höhnt, »die Strümpfe«, »flicken zerrissene Pantalons« und »kochen dem Manne die kräftigen Suppen«. Bei keiner anderen von Schillers Frauen greift Schlegels Witz auch nur im Ansatz.

Hedwig regt ohne Ende die fleißigen Hände, und es schändet sie nicht, dass uns Schiller ihr Bild als das einer tätigen Hausfrau malt, die von früh bis spät zugreift und sich um Sorge für den geliebten Mann und die Kinder verzehrt. Zwar hadert sie mit Tell ob des frevelhaften Apfelschusses auf das Haupt ihres Kindes in aller Öffentlichkeit, aber in eben dieser Öffentlichkeit wächst sie auch in eine Rolle der Mahnerin. Sie gibt dem allgemeinen und sozusagen öffentlichen Hauswesen Auftrag, die wechselseitigen Verpflichtungen nicht zu vergessen. Das Lob für Tells allgemeinen Einsatz wiegt ihren Hader, ihre Angst und Sorge um ihn auf.

> HEDWIG. – Wo waret ihr, da man den Trefflichen
>     In Bande schlug? Wo war *da* eure Hülfe?
>     Ihr sahet zu, ihr ließt das Gräßliche geschehn,
>     Geduldig littet ihr's, daß man den Freund
>     Aus eurer Mitte führte – Hat der Tell
>     Auch so an Euch gehandelt? Stand er auch
>     Bedaurend da, als hinter dir die Reiter
>     Des Landvogts drangen, als der wütge See

Vor dir erbraußte? Nicht mit müßgen Tränen
Beklagt' er dich, in den Nachen sprang er, Weib
Und Kind vergaß er und befreite dich – (IV,2)

Hedwig weiß um Tells Verdienst; sie weiß aber auch
um den Schatten, den der Tyrannenmord auf den Vater
ihrer Kinder wirft. In ihrer dritten und letzten großen
Szene führt uns Schiller im fünften Akt bei der Rückkehr Tells die Verarbeitung dieser Tat vor. Natürlich ist
sie von Schillers Gnaden, aber sie ist so eingerichtet,
dass es Hedwigs Natur und Denkweise entspricht. Keine falsche Reflexion überschattet die Szene. Als sie Tell
endlich wieder zurück weiß,

Da steht sie an der Thür und kann nicht weiter,
So zittert sie für Schrecken und für Freude. (V,2)

Ihr Schrecken und die Freude gelten Tell gleichermaßen
wie dem Kaisermörder Johannes Parricida, der sich als
Mönch verkleidet in Tells Haus geflüchtet hat. Die Frage
Tells, was sie erschrecke, und ihre Antwort sind mehr
als doppeldeutig.

HEDWIG. Wie – *wie* kommst du mir wieder? – Diese
                                                        Hand
– Darf ich sie fassen? – Diese Hand – O Gott! (V,2)

Sie darf sie fassen, aber zuerst muss Tell sich vor jenem
Mörder rechtfertigen, in dessen Nähe Hedwig graut. Es
ist indirekt auch das Grauen vor Tell, und sie bewältigt

es auf ihre ungrüblerische, sprachlose aber tätige Weise,
die Weise rührenden Mitleids.

> TELL. Geh liebes Weib. Erfrische diesen Mann,
>   Belad' ihn reich mit Gaben, denn sein Weg
>   Ist weit und keine Herberg' findet er.
>   Eile! Sie nahn. (V,2)

*Bertha von Bruneck*
Wilhelm Tell
(1804)

Im Personenverzeichnis des *Wilhelm Tell* als eine reiche Erbin ausgewiesen und nicht speziell den Waldstätten Uri, Schwyz und Unterwalden angehörend, hat Bertha von Bruneck zunächst einen schweren Stand im Drama um den Befreiungskampf der Schweizer gegen den Kaiser. Als der Schieferdecker beim Bau der Zwingburg Uri vom Dach fällt und Bertha mit Gefolge herbeieilt, um zu helfen, muss sie sich böse Worte anhören.

> BERTHA *(stürzt herein)*
> Ist er zerschmettert? Rennet, rettet, helft –
> Wenn Hilfe möglich, rettet, hier ist Gold –
> *(wirft ihr Geschmeide unter das Volk)*
> MEISTER
> Mit eurem Golde – Alles ist euch feil
> Um Gold, wenn ihr den Vater von den Kindern
> Gerissen und den Mann von seinem Weibe,
> Und Jammer habt gebracht über die Welt,
> Denkt ihr's mit Golde zu vergüten – Geht!
> Wir waren frohe Menschen eh' ihr kamt,
> Mit euch ist die Verzweiflung eingezogen. (I,3)

Das Misstrauen des Meisters ist nicht unbegründet, weil Bertha trotz ihrer behaupteten Treue und untadeligen Gesinnung für die Schweizer Heimat in einem tiefen Zwiespalt steckt. Sie liebt Ulrich von Rudenz, den Neffen des Freiherrn von Attinghausen, der sich jedoch dem

Kaiser und seinem fremden Glanze verbunden fühlt. Er
wird von seinem Onkel anders als der junge Melchthal,
sein heimatverbundenes Pendant, als ein Abtrünniger
hart zurechtgewiesen und auch von Bertha, die er seinerseits liebt, auf Distanz gehalten. Nicht nur in Tells
Figur wird – in Schillers letztem vollendetem und mit
großem Erfolg noch 1804 uraufgeführtem Schauspiel –
ein Konflikt zwischen Privatheit und Allgemeinwohl
durchgespielt, sondern auch in diesem Liebesverhält-
nis, dessen Bedeutung, wie leider oft geschehen, nicht
unterschätzt werden sollte. Berthas Haltung ist untade-
lig und ihre Bemühungen, ihren Geliebten von seinen
politischen Verblendungen abzubringen, zeigen sie in
einem stillen und beharrlichen Kampf für die Sache der
Schweizer Freiheit. Er ist, wie der Kampf Tells, zunächst
ebenfalls abseits der im Rütli-Schwur vereinigten Eid-
genossen situiert, aber er ist nicht von minderer Bedeutung und findet auf keinem Nebenschauplatz statt.

Die zweite Szene des dritten Akts, zwischen der zentralen Szene des Rütli-Schwurs und der legendären Ap-
felschussszene, ist der ebenso politischen wie privaten
Botschaft Berthas gewidmet. Schiller hat sie prächtig
angelegt. Sie ist, anders als man für das aristokratische
Paar erwarten müsste, ebenso wie die für die Land-
leute als eine grandiose Naturszene und nicht als ein
pompöses Innenraumszenario eingerichtet. Die Regieanweisung gibt uns eine *»eingeschlossene wilde Waldge-
gend«* vor, in der gewaltige Staubbäche von den Felsen
stürzen. Das Paar befindet sich auf der Jagd, auf der
Bertha wohlberechnend einen Augenblick abpasst, der

Gelegenheit zur großen Aussprache über ihrer beider
Verhältnis bieten soll. Immer ist Bertha die Aktive, die
Handelnde, die Treibende im Geschehen. Rudenz greift
die Gelegenheit, um sein Geschick mit ihr zu klären,
zwar bereitwillig auf, aber Bertha lenkt und leitet das
Gespräch in ihrem Sinne.

> BERTHA                                    Seid
> Wozu die herrliche Natur euch machte!
> Erfüllt den Platz, wohin sie euch gestellt,
> Zu eurem Volke steht und eurem Lande,
> Und kämpft für euer heilig Recht.

Ihr Appell mündet nach langer und intensiver Aussprache, ein Liebesdialog in bester Schillermanier, in die
zentrale Botschaft, zu seinem Volke an seinem ange-
borenen Platz – kein Schloss, kein Palast, sondern herrliche Natur – zu stehen:

> BERTHA                                    Die Jagd
> Kommt näher – Fort, wir müssen scheiden –
>                                          Kämpfe
> Für's Vaterland, du kämpfst für deine Liebe!
> Es ist Ein Feind, vor dem wir alle zittern,
> Und Eine Freiheit macht uns alle frei! (III,3)

Schillers *Wilhelm Tell* war wie alle seine dramatischen
Werke als eine Tragödie angelegt, geriet ihm unter der
Hand jedoch zu seinem einzigen Stück mit einem Aus-
gang, der ins Utopische, ins Heilsgeschichtliche ver-

weist. Unter dem Aspekt der Liebesbeziehung von Bertha und Rudenz muss man gar nicht so weit ausholen. Da die beiden sich bekommen sollen – und sie bekommen sich –, steht wie in der Komödie am Ende dieses vermeintlich historischen Schauspiels ein Paar, das einen Bund der Ehe zu schließen beabsichtigt. Auch die Ehe erscheint als Vollendung, als utopisches Wunschziel privater Lebensgeschichte. Auch sie versteht sich als der vernünftige Ausgleich von Notwendigkeit und Freiheit, analog dem ästhetischen Staat Schillers, in dem eine Harmonie von Empfindung und Reflexion, von Natur und Vernunft gegeben sein muss. Nach dem Sturm auf die Bastille – im Falle des *Tell* also auf die Zwingburg Uri, der die Befreiungstat des Selbsthelfers Tell vorausgeht – findet sich gemäß Schillers dreistufig gegliederter, geschichtsphilosophischer Theorie die Grundforderung der Französischen Revolution – Freiheit, Gleichheit und Brüderlichkeit – sogar auf doppelte Weise als »ästhetischer Vorschein« der Utopie auf der Bühne realisiert.

BERTHA                                    »Wohlan!
   So reich ich diesem Jüngling meine Rechte,
   Die freie Schweizerin dem freien Mann!« (V,3)

Wenn auch dem Manne, dem Neffen des im 4. Akt diese Zukunft visionär beschwörenden Attinghausen das letzte Wort des Paares gehört – Ulrich von Rudenz erklärt alle seine Knechte für frei –, so liegt die Initiative zum Zustandekommen dieser öffentlichen Proklamation bei der Frau. Das war ein Postulat, das, wie viele andere Zumutungen des Stücks, gegen die gesellschaftlichen Konventionen und politischen Vorstellungen der Zeit verstieß. Ein derartiger Eintritt ins Doppelreich der Freiheit – »Das Alte stürzt, es ändert sich die Zeit, / Und neues Leben blüht aus den Ruinen« (IV,2) – war 1804 nach den Erfahrungen mit den politischen Umwälzungen in Frankreich nicht unproblematisch. Es erstaunt jedoch, dass die feierliche Ablösung des Adels durch freie Bürgerinnen und Bürger weder in Weimar noch in Berlin nennenswerten Anstoß erregte. Am allerwenigsten aber schien der Umstand zu erstaunen, dass der utopische Gedanke von Schillers Geschichtsphilosophie, der ansonsten immer nur als regulative Idee über seinen tragischen Ausgängen erahnbar war, diesmal in einer Frau als Inkarnation dieser Freiheit triumphiert. Den unvollendeten *Demetrius* beiseite gelassen, mündet Schillers Pessimismus zu guter Letzt im Bilde einer seiner Frauen in einer positiven Utopie. Dem Statement Berthas – »Und ist der Schweizer frei, so bin auch ich's« – schicken Schillers Frauen in ihrer Gesamtheit uns die Botschaft nach: Und sind wir frei, so seid auch ihr's.

Luise Henriette Emilie von Schiller
verh. von Gleichen-Rußwurm
1804–1872

Im Juli 1804 erwartete Charlotte nochmals ein Kind. Und wiederum hat ihr Schiller wie schon beim ersten Kind in hochschwangerem Zustand eine weite Reise zugemutet. Fast spontan entschloss er sich im April zu einer Reise nach Berlin, wo er nach einem Umweg über Leipzig am 1. Mai eintraf. Er liebäugelte damit, sich vielleicht doch noch einmal zu verändern, und die Tage in Berlin machten ihm die definitive Absage nach seiner Rückkehr am 21. Mai nicht leicht.

Charlotte hatte die Reise trotz ihres Zustands gut überstanden und entgegen allen Befürchtungen nach den Erfahrungen des letzten Wochenbetts auch die Geburt einer zweiten Tochter zwei Monate später, am 25. Juli. Mutter und Tochter waren wohlauf, doch Schiller selbst litt einige Tage wieder an starken Koliken, die zu überleben dem Arzt Dr. Starke kaum mehr wahrscheinlich schien.

Am 7. August war die Taufe der kleinen Emilie; Johann Heinrich Voß der Jüngere, der als Pate dabei war, berichtet davon noch am selben Tag: »Schiller hat seine Kinder gewiß so lieb, wie nur die zärtlichste Mutter lieben kann. Der Mann schien mir unaussprechlich liebenswürdig in dem Augenblicke, als er nach der Taufe das Kind mit einem Blicke der tiefsten Empfindung anschaute.«

Emilie hat ihren Vater nicht mehr bewusst kennenlernen können. Sie soll sehr begabt gewesen sein und ihm im Wesen am ähnlichsten. Es war, als hätten dem Mädchen die vielen fürstlichen und erlauchten Patinnen und Paten als Feen zur Seite gestanden und für sein Glück gebürgt. Sie verheiratete sich im Juli 1828 mit dem nachmaligen bayerischen Kammerherrn Adalbert von Gleichen-Rußwurm, den sie in Berlin kennenlernte. Mit ihm lebte sie bis zu ihrem Tode im Jahre 1872 in glücklicher Ehe auf dem Schloss Greifenstein ob Bonnland nördlich von Würzburg. Ihr am 25. Oktober 1836 geborener Sohn Ludwig wurde als Landschaftsmaler bekannt. Emilie ihrerseits betreute den Nachlass ihres Vaters, machte ihren Wohnsitz allmählich zum Mittelpunkt einer Schillerstiftung und veröffentlichte unter anderem Beiträge zur Lebensgeschichte ihrer Eltern und deren Briefwechsel.

# LITERATURVERZEICHNIS

Friedrich Schiller: *Werke. Nationalausgabe.* Begründet von Julius Petersen, fortgeführt von Lieselotte Blumenthal, Benno von Wiese und Siegfried Seidel. Hrsg. im Auftrag der Stiftung Weimarer Klassik und des Schiller-Nationalmuseums in Marbach. 1943 ff.

Friedrich Schiller: *Sämtliche Werke in fünf Bänden.* Auf der Grundlage der Textedition von Herbert G. Göpfert hrsg. von Peter-André Alt, Albert Meier und Wolfgang Riedel. München: Deutscher Taschenbuch Verlag 2004 (= dtv 59068)

Schiller, Friedrich: *Briefe I. 1772–1795.* Hrsg. von Georg Kurscheidt (= Band 11 der Ausgabe Friedrich Schiller: *Werke und Briefe in zwölf Bänden*). Frankfurt am Main: Deutscher Klassiker Verlag 2002

Schiller, Friedrich: *Briefe II. 1795–1805.* Hrsg. von Norbert Oellers (= Band 12 der Ausgabe Friedrich Schiller: *Werke und Briefe in zwölf Bänden*). Frankfurt am Main: Deutscher Klassiker Verlag 2002

Wolzogen, Caroline von: *Schillers Leben, verfaßt aus Erinnerungen der Familie, seinen eignen Briefen und den Nachrichten seines Freundes Körner.* Zwei Teile. Stuttgart und Tübingen: Cottasche Buchhandlung 1830 (Reprint Hildesheim / Zürich / New York: Georg Olms Verlag 1990)

Biedermann, Freiherr von: *Schillers Gespräche.* München: Bong & Co. o. J.

Hoyer, Walter: *Schillers Leben dokumentarisch in Briefen, zeitgenössischen Berichten und Bildern.* Köln / Berlin: Kiepenheuer & Witsch 1967

\* \* \*

Druffner, Frank / Schalhorn, Martin: *Götterpläne & Mäusegeschäfte. Schiller 1759–1805* (= Marbacher Kataloge 58). Marbach: Deutsche Schillergesellschaft 2005

Gellhaus, Axel / Oellers, Norbert (Hrsg.): Schiller. Bilder und Texte zu seinem Leben. Köln: Böhlau Verlag 1999

Hildebrandt, Dieter: *Schillers erste Heldin. Das Leben der Christophine Reinwald, geb. Schiller*. München: Deutscher Taschenbuch Verlag 2009 (= <u>dtv</u> 23332)

Hinderer, Walter (Hrsg.): *Schillers Dramen. Interpretationen*. Stuttgart: Reclam 1992

Jüngling, Kirsten / Roßbeck, Brigitte: Schillers Doppelliebe. Die Lengefeld-Schwestern Caroline und Charlotte. Berlin: Propyläen Verlag 2005

Koopmann, Helmut (Hrsg.): *Schiller-Handbuch*. Stuttgart: Kröner 1998

Oellers, Norbert: *Schiller. Elend der Geschichte, Glanz der Kunst*. Stuttgart: Reclam 2005

Pecht, Friedrich / Ramberg, Arthur von: *Schiller-Galerie. Charaktere aus Schiller's Werken*. Gezeichnet von Friedrich Pecht und Arthur von Ramberg. Funfzig Blätter in Stahlstich. Mit erläuterndem Texte von Friedrich Pecht. Leipzig: Brockhaus 1859

Piana, Theo: *Friedrich Schiller. Bild-Urkunden zu seinem Leben und Schaffen*. München: Bong & Co. 1957

*SchillerZeit in Mannheim*. Hrsg. von Alfred Wieczorek und Lieselotte Homering (= Katalog der Reiss-Engelhorn-Museen Bd. 16). Mainz: Verlag Philipp von Zabern 2005

Staël, Germaine de: *Über Deutschland*. Nach der Übersetzung von Robert Habs, hrsg. und eingeleitet von Sigrid Metken. Stuttgart: Reclam 1962

Storz, Gerhard: *Der Dichter Friedrich Schiller*. Stuttgart: Klett Verlag 1968

Theml, Christine: *Zwischen Kinderstube und Secrétaire. Frauen um Schiller in Jena*. Golmsdorf: Jenzig-Verlag, 2., veränderte Auflage 2002

Werner, Charlotte M.: *Friedrich Schiller und seine Leidenschaften*. Düsseldorf: Droste Verlag 2004

Wilpert, Gero von: *Schiller-Chronik. Sein Leben und Schaffen.* Stuttgart: Reclam 2000

Zeller, Bernhard / Scheffler, Walter: *Schiller. Leben und Werk in Daten und Bildern.* Frankfurt am Main: Insel Verlag 1977

\* \* \*

Schillerzitate aus den Werken sind im Text so verzeichnet, dass sie in der Regel in jeder Edition auffindbar sind. Der Abdruck folgt im Wortlaut der Erstausgabe (s. Bibliothek der Erstausgaben; erschienen im Deutschen Taschenbuch Verlag, München). Briefzitate sind durch ihr Datum nachgewiesen und können so in der Nationalausgabe oder in diversen sonstigen Briefausgaben weiterverfolgt werden. Andere Dokumente sind vorrangig nach Walter Hoyers Sammlung *Schillers Leben dokumentarisch.* Köln: Kiepenheuer und Witsch Verlag 1967, zitiert.

Die Schreibweisen der Frauennamen aus Schillers Lebenswirklichkeit sind besonders bei Caroline / Karoline, Luise / Louise oder auch bei den Endungen a / e uneinheitlich überliefert. Detailuntersuchungen liegen nicht vor. Daher wurden die jeweils im 18. Jahrhundert vermutlich am häufigsten verwendeten Schreibweisen übernommen.

# ABBILDUNGSVERZEICHNIS

Die Darstellungen der Frauen aus Schillers Dichtungen entstammen dem Buch von Friedrich Pecht und Arthur von Ramberg, das zum Schillerjahr 1859 in erster Ausgabe erschien (s. Literaturverzeichnis).

FRIEDRICH PECHT wurde am 2. Oktober 1814 in Konstanz geboren. Der Historien- und Porträtmaler erhielt seine Ausbildung in München. Er lebte und wirkte an wechselnden Orten, so in Dresden, Leipzig, Paris, Weimar und in Italien. Ab 1854 begann er bei der *Augsburger Allgemeinen Zeitung* als Kunstreferent. Als Kunstschriftsteller und zugleich als Maler gab er neben der *Schiller-Galerie* auch eine *Goethe-Galerie*, eine *Lessing-Galerie* und eine *Shakespeare-Galerie* heraus. In München, das er sich nach seinen Wanderjahren zum Wohnsitz erwählte, starb der produktive Künstler am 24. April 1903.

ARTHUR GEORG FREIHERR VON RAMBERG wurde am 4. September 1819 Wien geboren. Er war wie Friedrich Pecht ausgebildet als Historienmaler, arbeitete wie dieser als Lithograph und Zeichner für den Kupferstich. Beeinflusst von Schwind und Piloty wurde er 1860 Professor an der Kunstschule in Weimar und ab 1866 an der Akademie in München. Dort entstand zusammen mit Pecht die *Schiller-Galerie*, und auch zur *Goethe-Galerie* hat er ein Blatt beigetragen. Er hat aber jenseits dieser gemeinsamen Arbeit in eigener Manier Schillers *Gedichte*, Wielands *Oberon*, Goethes *Hermann und Dorothea* und Voß' *Luise* illustriert. Er starb am 5. Februar 1875 in München.

\* \* \*

Alle Abbildungen der realen Frauen um Schiller wurden freund-
licherweise vom Schiller-Nationalmuseum und Deutschen Litera-
turarchiv in Marbach am Neckar zur Verfügung gestellt. Alle Rechte
vorbehalten.

Elisabetha Dorothea Schiller, geb. Kodweiß
    Ölgemälde eines unbek. Künstlers, um 1770
Christophine Schiller, verh. Reinwald
    Gemälde von Ludovike Simanowiz, vermutlich 1789
Luise Dorothea Katharina Schiller, verh. Frankh
    Gouache, um 1794
Caroline Christiane (Nanette) Schiller
    Gouache, um 1794
Franziska von Hohenheim
    Miniaturgemälde
Louise Dorothea Vischer
    Phantasiebild des 19. Jh. nach einem Originalgemälde
Henriette von Wolzogen
    Lithographie d. 19. Jh.
Charlotte Freiin von Wolzogen
    Lithographie des 19. Jh.
Sophie von La Roche
    Radierung von Heinrich Sintzenich, um 1790
Margarethe Schwan, verh. Treffz
    Lithographie von C. Lang, 1854
Katharina Josepha Baumann, verh. Ritter
    Miniaturgemälde
Sophie Albrecht
    Radierung von D. Berger, nach J. Darbés, 1784
Charlotte von Kalb: Mannheim
    Radierung von Auguste Hüssener
Minna Stock, verh. Körner
    Silberstiftzeichnung von Johanna Dorothea Stock, 1784
Dora Stock
    Selbstporträt, Silberstiftzeichnung, 1784
Henriette von Arnim
    Tuschsilhouette

## Friedrich Schiller in der
## dtv-Bibliothek der Erstausgaben

Herausgegeben von Joseph Kiermeier-Debre

**Die Räuber**
Ein Schauspiel
Frankfurt und
Leipzig 1781
ISBN 978-3-423-02601-7

**Maria Stuart**
Ein Trauerspiel
Tübingen 1801
ISBN 978-3-423-02611-6

**Kabale und Liebe**
Ein bürgerliches Trauer-
spiel in fünf Aufzügen
Mannheim 1784
ISBN 978-3-423-02622-2

**Dom Karlos**
Infant von Spanien
Leipzig 1787
ISBN 978-3-423-02636-9

**Wilhelm Tell**
Schauspiel · Tübingen 1804
ISBN 978-3-423-02647-5

**Wallenstein**
Ein dramatisches Gedicht
Tübingen 1800
*Wallensteins Lager*
*Die Piccolomini*
*Wallensteins Tod*
ISBN 978-3-423-02660-4

**Die Jungfrau von Orleans**
Eine romantische Tragödie
Berlin 1801
ISBN 978-3-423-02682-6

**Der Geisterseher**
aus den Papieren des
Grafen von O.
Leipzig 1787–1789
ISBN 978-3-423-02683-3

Jeder Band der dtv-Bibliothek der Erstausgaben enthält –
neben dem originalgetreuen Abdruck des Textes – einen infor-
mativen Anhang: Anmerkungen zur Textgestalt, ein Glossar,
Daten zu Leben und Werk sowie ein ausführliches Nachwort
des Herausgebers zur Entstehungs- und Wirkungsgeschichte.

Bitte besuchen Sie uns im Internet: www.dtv.de

# Friedrich Schiller im dtv

**Sämtliche Werke
in fünf Bänden**
Hg. v. Peter-André Alt,
Albert Meier und
Wolfgang Riedel unter
Mitarbeit von Irmgard
Müller und Jörg Robert
Dünndruck-Ausgabe
Fünf Bände in Kassette
ISBN 978-3-423-59068-6

Joseph Kiermeier-Debre
**Schillers Frauen**
42 Porträts aus Leben
und Dichtung
Originalausgabe
ISBN 978-3-423-13769-0

**Und das Schöne blüht
nur im Gesang**
Gedichte
Hg. v. J. Kiermeier-Debre
Originalausgabe
ISBN 978-3-423-13270-1

Kurt Wölfel
**Friedrich Schiller**
dtv portrait
Originalausgabe
ISBN 978-3-423-31016-1

**Des Lebens wechselvolles
Spiel**
Lebensweisheiten
Hg. v. Johann Prossliner
Originalausgabe
ISBN 978-3-423-13271-8

**Möglichst Schiller**
Ein Lesebuch
Hg. v. C. Engelmann
und C. Kaiser
Illustr. v. P. Schössow
*Reihe Hanser*
Originalausgabe
ISBN 978-3-423-62196-0

Goethe & Schiller
**Die Balladen**
Hg. v. J. Kiermeier-Debre
Originalausgabe
ISBN 978-3-423-13512-2

**Kleines Lexikon der
Schiller-Zitate**
Hg. v. Johann Prossliner
Originalausgabe
ISBN 978-3-423-34145-5

Bitte besuchen Sie uns im Internet: www.dtv.de